京都の町家に学ぶ たしかな暮らし

松井 薫

学芸出版社

京都の町家に学ぶ　たしかな暮らし◎目次

※本書の中での「町家」という表現は、主に「京町家」を指しています。

WHAT IS JAZZ
LEONARD BERNSTEIN

はじめに

町家に生まれて、町家で育った。
社会に出てから何度か引っ越しをしたが、今は生まれ育った町家に戻って生活をしている。
自分の住んでいるところが町家だとも思わずに過ごしていた頃、
よく聴いていたレコードの中に、レナード・バーンスタインの『WHAT IS JAZZ』がある。

始まりはこうだ。
デューク・エリントンの『A列車で行こう』が流れて、
バーンスタインのナレーションがオーバーラップする。
「今、この音楽を聴かれた方は、洋の東西を問わず、地球上の文明人だったら、
誰でも『それはジャズだ』とすぐにいうでしょう。ではそのジャズに分け入ってみましょう。
ただし、今までのようにニューオーリンズから始まる歴史的なアプローチではなく、
ジャズそのものを掘り下げてみましょう」

ジャズを聴いていて楽しい。
それさえあれば、歴史がどうかとか、音楽理論ではどうかなんて二の次でいい。
このイントロダクションがいい。この姿勢が、いい。

レコードはこのあと、ブルースから始まって、

デキシーランド、スイング、ブギウギ、バップ、マンボとさまざまなジャズを聴かせながら、その底に流れている悲しみやユーモアに言及し、こう結論する。
「クラシックを含むすべての音楽は、地方の民謡から出発している」

町家もこれと同じような方法で考えてみたい。
町家に住んでいて楽しい。それさえあれば、歴史がどうかとか建築工学の理論ではどうかというアプローチにこだわらず、日々の暮らしの中の悲しみや楽しみ、しみじみとした味わいがどのように感じられ、生活の中で生きているのかを探っていってもいいのではないだろうか。

冬の凍える寒さの中にも感じる、縁側《えんがわ》の陽だまりの暖かさ。
春になり、庭の木々の吹き出すような新芽を目にするうれしさ。
真夏、外から帰ってきた時の、ほの暗い家の中のほっと涼しい空気。
やっと暑さがおさまって冬へと向かう季節の、逆光に映える紅葉の美しさ。
それらが何気ない日常に色合いを添え、
また巡り来た季節に過去の自分を重ねる……。

町家の生活の中で感じられるさまざまな事柄が、町家という建物とどう関係しているのか、それを解き明かしていきたい。

今、なぜ町家なのか

小さな子どもの頃は、自分のいる家は巨大な空間に思えたものだ。おもちゃを広げると、目の前に自動車やバスが走る賑《にぎ》やかな街になったり、かわいい動物が行き来したり、背の高いタワーが出現したり、ワンダーランドが広がった。夜になり、布団《ふとん》を敷いて蚊帳を吊ると、今度は一気に部屋の中は海中の世界になる。この変化は驚きであり楽しい。耳元でぶ～んと羽音をたてる蚊も来ない。お楽しみは朝にもある。蚊帳を吊っていた四隅の環《かん》を外すと、布団の上が海になる。早速飛び込んで泳ぐ真似をする。瞬時に怒られる。こんな循環を飽きもせず、毎朝やっていた。

私たちの小さい頃の記憶や、父母、祖父母の経験した生活の話でも、もうすでに電気がそれぞれの家に入っていて、夜は照明が明るく室内を照らしていた。池田内閣が所得倍増計画をぶち上げ、そんな記憶からは、「次の給料が入ったら新しい服を買いたい」し、「たまにはごちそうも食べたい」し、「お金はたくさんあるのがいい」なんていう曲を、鼻歌まじりに歌っていたことが思い出される。確かに、所得が倍になると以前と生活が変わった。この生活スタイルを知ってしまってからは、小さな電球が一つ灯っていた生活には、とてもじゃないが戻れない。

その後、照明技術はさらに発達して、都会では真夜中でも何の不便もなく外を行き来できるようになり、キツネやタヌキの化け物に脅かされる心配もなくなった。

◇蚊帳（かや）
夏の夜に蚊や害虫を防ぐため、部屋の四隅から吊り下げて寝床を覆（おお）う道具。麻、木綿、絽（ろ）などを粗く織ったもの。

◇池田内閣（いけだないかく）
池田勇人（いけだはやと）を内閣総理大臣とした内閣。池田勇人（1899～1965）は大蔵省から政界入りを果たし、1960～64年首相に就任。三次にわたる内閣を組織し、所得倍増を訴えて高度経済成長政策を推進した。

しかし、その電気を化石燃料や原子力エネルギーを使ってまで大量に作るようになると、大気の汚染、地球の温暖化など、地域全体を見渡した時に人間にとって都合の悪いことが起きるようになった。このままのエネルギーの使い方では問題があるとようやく分かってきて、世界中で「何とかしなくては」と議論がされているが、なかなか解決策が出てこないのが現状だ。

毎日の生活が今より少しでも良くなるように、少しでも楽になるようにと私たちは望んでいる。寿命が延び、収入が増えることを良しとするのも、そうなれば「今より自由に好きなことが楽しめる」という思いがあるからだろう。「いいもので、しかも安いもの」を多くの情報を駆使《くし》して選び出したり、ついつい目の前の「ある部分」に目が行き、それを追求してしまいがちだが、それにかかっているエネルギーの消費量の多さ（どこで取れたのか、どうやって作っているのか、どんな流通経路か）までは思いが及ばない。しかし、部分を見る時に全体との関わりを意識して判断するようにしないと、判断を見誤ってしまう。

子どもの頃の所得倍増計画で所得が倍になって、生活が変わった経験もあるが、その方式で次々と生活を変えるためには、所得が今の倍、またその倍と、指数関数で伸びなければならない。しかし、アメリカの行動経済学者ダニエル・カーネマン◇によると、所得と幸福感の関係は、年収が7万５０００ドルあたりで頭打ちになってしまうそうだ（これは２０１０年に発表されたダニエル・カーネマンの論文『High

◇ダニエル・カーネマン（Daniel Kahneman）
行動経済学者、心理学者。プリンストン大学名誉教授。１９３４年テル・アビブ（現イスラエル）生まれ。カリフォルニア大学バークレー校で博士号（心理学）を取得。２００２年、心理学研究における洞察を経済学に統合した功績により、ノーベル経済学賞受賞。

income improves evaluation of life but not emotional well-being（高収入は人生の評価は上げるが幸福感は向上させない）』による。この中では7万5000ドルとなっているので日本円にして975万円くらいになるが、アメリカの物価の高さを考えると、日本での感覚は年収650〜700万円くらいかもしれない）。それまでは、いい服が買えることや、おいしいものが食べられることに満足できるのだろうが、それが常になってその次の段階に行くのに、750万円あたりで所得が増えても幸福感は増えなくなるということらしい。一方、庶民はローンを返し、家庭を維持して、いろんな付き合いもこなし、普通に生活するのに結構な稼ぎが必要になる。ただその稼ぎが、本当にそれだけのお金に換えられる価値のあることをしているのかと不自然さを覚えたり、「これは違うな」と思いながらの仕事では、どこかで折り合いをつけないと長く続けることはできない。

建物も、部分を分析して、一つひとつの部品の精度を高めてそれを総合することで、強くて安全で快適な建物を追求するのが主流だが、それらの部品の材料の採取、運搬、加工、組み立て、維持、解体のトータルで使われるエネルギー消費量を考えることは、非常に重要になってくる。また、人間を自然の一部だと捉え直して、その人間の生活を包み込む住宅なり建物に、どんな性能が最適か、どんな材料を組み合わせて作れば人間の自然治癒力や自己免疫力をバックアップするような建物になるのか、という視点で見ると、江戸時代の生活をも包み込んでいた町家の底力に、改めて気づくはずだ。

町家の作り方は、決して各部品の組み合わせだけではない。さまざまな知恵がそこに含まれている。もちろん、現代の私たちは電気も知ってしまったし、清潔な水の供給、整備された下水道、冷蔵庫や洗濯機、照明、適切な医療措置が受けられること、移動手段としての交通網を知っている。それらを知った上で、しかし、相変わらず夏は風を通してしのぎ、季節ごとに家のしつらえを変えて楽しみ、冬は炭火の火鉢の暖かさを喜ぶ生活がある。これが町家で受け継がれてきた、生身の人間に寄り添う日々の営みだ。この一見、古臭い、昔ながらのやり方が、周回遅れに見えるけれども、実は現代の私たちが抱えている問題を見事に解決に導き、時代の最先端に立つ暮らしなのではないだろうか。

それでは、町家がこれからの住空間や暮らし方を考えるなかでどのようなヒントをくれるのか。ここからは、「町家とはどういうものなのか」を具体的に探っていきたい。まずは、現代だからこそ注目するべき町家の**三つの特質**について、それぞれ見ていくこととする。

その1・町家は長寿命住宅である

持続可能な住まいとは

大量生産時代に入った20世紀の初めから、経済は大きくなり、生活インフラが整備されて人々の生活は便利になったが、一方では多くの物や情報が溢れ、ストレスの多い毎日を過ごすことになった。そして今、世の中はさまざまな呼びかけや提案が行なわれている。「限りある資源を大切に使おう」、「太陽や地球の自然エネルギーに着目しよう」、「再生可能エネルギーの使用によって持続可能な社会を目指そう」。当然、今までのエネルギーの浪費によって形作られていた社会が「このままではいずれ持たなくなる」という反省からの提案であり施策であるはずだが、そのほとんどが今までの考えの枠組みの中から一歩も出ることはない。なぜなら「一度得られた快適で便利な生活を捨てられない」という慣性のような力が私たちに働くからだ。

住むための建造物についても、大量生産、大量消費、大量廃棄《はいき》が基本の流れになり、「企業の新商品を購入し、20~30年使ったら廃棄して次の商品に住む」というのが世の中の主流のようだ。最近になって、長く使えることを意識した「サステイナブルな住宅」というようなものも出てきているが、往々にして企業がより儲かることを念頭に置いているので、基本の流れは以前と全く変わっていないように思われる。では、本当に持続可能な住まいはあるのだろうか。

町家はなぜ使い続けられたのか

江戸～明治、大正、昭和初期に作られた町家は、今でも使われている。でき上がってから100年、古いものだと200年近く経つのに、その間に数多くあった台風や地震にも壊れずにいまだに使うことができる。また社会構造の変動にも何とか対応しているので、使い続けることができている。なぜか。それは、町家の構造が自然に倣《なら》ってできているからだ。

　人間をはじめ動物の身体を維持する方法は、壊れる前に新しい細胞を作って前のものと入れ替えることで生命を保っている。伊勢神宮などの式年遷宮《しきねんせんぐう》が行なわれる神社の建物もこれと同じ方式で、傷んで壊れる前に建て替えることで長い歴史を生きながらえている。町家もまた、全体を建て替えるわけではないが、傷んだ部分を補修することで使い続けられてきた。

　建物が長い年月、同じ強さを保って暴風雨や地震などの自然の猛威から人間を守ってくれると、「強い構造」だと思われがちだ。しかし、どうしても壊れてはいけない原子力発電所の建物も、自然の力には勝てず壊れてしまった。

　では、どうすれば地震や台風などで揺さぶられる中で暮らしていけるのか。平安

◇サステイナブル（sustainable）
持続可能であること。主には、地球環境を保全しながら持続することが可能な開発や産業についていう。

時代に起源を持つ町家では、それを「石の上に乗っている」、「水平垂直材のみで構成する」、「接合部分に金属や接着剤を使わない」という簡単な法則のみで実現してきた。地震力に対しては第2章で詳しく述べるが、石と木、木と木の摩擦や建物が変形することで力を逃がし、変形した部分はそこを補修するだけでもとに戻すことができる。また、地震などによる変形がなくても、長年の使用で柱の足元が傷んできたら、その部分だけを取り替える「根継◇」という技法によってもとの強さに戻せる。屋根が風化してきたら、屋根だけをやり替えることができる。町家は、工学的には柔らかく壊れやすいとなるかもしれないが、傷んだところをひどくならないうちに入れ替えることで連続性を保つという、人間が身体を維持する方法と同じ考え方で作られ、１００年単位の長い年月に亘って使い続けられてきた長寿命住宅なのだ。

◇根継（ねつぎ）
木造建築において、柱や土台などの朽ちた部分を取り除き、ほかの材料で継ぎ足すこと。

その2・町家は柔軟性のある住宅である

災害に備える家

このところ気象現象の過激化とでもいうのか、雨が降れば数十年に一度の大雨になって川は洪水を起こし、土砂崩れや土石流の発生など、激しい現象を起こす。また、大きな地震が襲ってきて、時には大津波が起きて住宅を根こそぎ海へ引きずり込む。日本列島に人が住み始めてから長い時間が経つが、ほぼ毎年、何らかの人的被害のある災害が襲ってきたのではないだろうか。その中で、人々は災害が起こりやすい地形を学習し、その辺りには人が住まないようにしてきた。例えば、地名に残すことで危険地域であることを伝えようとしてきたが、最近になって、旧地名から「○○丘」「○○原」などの一般的な地名にしてしまい、宅地開発が進んでいるところがある。こういうところは昔の人が住むのを嫌った場所なので、土地の値段が安い傾向があるが、それにつられて家を建てたりすると、危険な目に遭うかもしれない。

一方で、洪水をある程度覚悟した上で、川沿いの土地に家を建てる場合もある。洪水によってもたらされた土が、作物などを良く生育させるからだ。徳島県の吉野川沿いの土地も吉野川がたびたび洪水を起こす氾濫原◇だが、藍染に用いる藍が良く育つ。以前に見学したことのある田中家住宅も、そういう場所に建てられた町家と共通する構造の家屋だ。

建物は安政元年（1854）〜明治20年（1887）の間に建てられており、重要文化財に指定されている。この現存する建物以前に、家は二度流されたそうだ。まず、家全体の地盤が高い石垣の上にあり、さらに家は周りより階段2、3段分高く作ら

吉野川に近い場所（徳島県名西郡石井町）に建つ田中家住宅。寛永年間（1624〜1644年）からの藍を商う家。地元産の青石の石垣を積んで地盤を上げて建物を作っている。屋根は瓦葺の上に、茅葺がちょこんと乗っている。

◇氾濫原（はんらんげん）
河川の氾濫や流れの変化によってできた河川沿いの平野。河川が運んだ堆積物で構成され、洪水時には浸水する。

れている。中に入ると土間《どま》から部屋の床までの高さも二尺（約60センチメートル）と、普通の日本家屋より高い（普通は一尺五寸=約45センチメートル）。これらはすべて洪水に対する備えだが、土間には吊り構造の小部屋があり、昔は縄ばしごで出入りしていたそうだ。また、納屋の軒下に小さな船が吊り下げられており、万一の避難に使っていたようだ。さらに驚いたのは、大屋根の上の部分だけが茅葺になっており、家が水没した時は、天井を破ってここに上ると、この部分が切り離されて流れるようになっていることだ。しかも、この屋根の下には種もみとなる稲の束が結わえ付けられている。家が水没するぐらいひどい洪水の時は、「この大屋根の上に逃げて、流され、行き着いた先で稲を植えて生きながらえるように」との備えである。洪水の際に、橋桁だけ残して橋の本体が流れてしまう「流れ橋」があちこちにあるように、自然の強力な力には無理に逆らわず、流れるままにしてやり過ごそうという精神が古くからあり、こういう家を作ったのだろう。昔の人は、決して自然の力に対抗するという思想は持たなかった。そんなことをしても、もとより勝ち目はないと分かっていたからだ。

予防は工学ではなし得ない

現在の工学は、災害で被害に遭うと、その原因を詳細に分析して原因を突き止め、「自然力にも打ち勝つだけの強度にすれば、災害が起きても被害に遭うことは防げる」という考え方で進められている。大きな洪水で堤が決壊したところではコンクリートの護岸に作り変えられ、大地震で大きな津波が襲った浜には高さ10メートル

◇尺（しゃく）
1尺=約30・3センチメートル

◇茅葺（かやぶき）
草葺の一種で、茅（イネ科のススキ・チガヤ、カヤツリグサ科のスゲなどの植物）で屋根を覆うこと。またその屋根。

◇種もみ（たねもみ）
種子として苗代に蒔くことを目的に、保存しておく籾（もみ）のこと。

◇堤（つつみ）
川、湖沼、池などの水が溢れないように、岸に沿って土を高く盛って築いたもの。土手。

にも及ぶ防潮壁が作られ、倒壊した家のあとには強固な建物が作られる。それぞれ、想定した災害に対してはあらかじめの備えとして機能するが、自然力は常に想定外の力を人間にもたらす。そして想定外の力が加わった時に災害として被害が起こる。すると人間側はさらに強固なものに変えていく。でも災害はなくならない。そして自然に対抗して作られた構築物が自然の生態系を壊し、人と川、人と海、人と自然の関係を断ち切ってしまう。土手の上の草に寝転がることも、『浜辺の歌』を歌うことも、人々の記憶から消えていく。

すべてを工学で解決しようとする初めの前提が間違っているのではないだろうか。日本人は長い歴史の間、自然の恵みを享受し、その力を受け入れてきた。その中で、繰り返し襲ってきた災害の体験から得た知恵や工夫を積み重ねてきた。それらは、それぞれの地方の文化にまで組み込まれている。地名によって地震や洪水、津波などの危険が高い地域を伝え、地震には建物が揺れながらも地震力を逃がし、倒壊を免れる方法を編み出した（第2章参照）。また、小洪水では水に浸からないように、大洪水では流れても命だけは守れるように、大津波にはその予兆をつかんで高台に逃げる工夫を、人と自然が一体となった生活の中で作り上げてきた。この文化こそが災害の予防に大切なものだろう。自然災害という「複雑系」の事象は、「単純系」では解明できない。予防は決して要素還元主義の工学ではなし得ない。複雑なものを複雑なまま受け入れる「文化」でしかなし得ないのだ。

◇『浜辺の歌』（はまべのうた）
大正7年（1918）に発表された抒情歌。林古渓（はやしこけい）作詞、成田為三（なりたためぞう）作曲。

◇複雑系（ふくざつけい）
相互に関連する複数の要因が合わさって、全体として何らかの性質を見せる系。「中国で蝶が羽ばたけばニューヨークで嵐を起こす」と例えられる自然現象など。

◇単純系（たんじゅんけい）
一つの本質的な要因で性質が決められる系。グラフで表現できるようなもの。

◇要素還元主義（ようそかんげんしゅぎ）
ある事象を分析してその原因を決めつけるやり方。「地球温暖化の原因は二酸化炭素だ」とするようなもの。

住人を守る知恵

人が生活している中で起こる「火災」についてはどうだろう。火災から人を守る町家の知恵には、どのようなものがあるのだろうか。

火災が起こってしまった時に大切なのは、家は燃えても家の中の人間の命は守れるということだ。最新の建物は、往々にして建物だけが焼け残り、中の人が痛手を受ける。そうならないために、町家では火を使う場所は土間と限定し、その両側の壁を地面から屋根まで一面の土壁にして、しかも屋根まで吹き抜けの空間としている。これにより、万一火事になっても、火は垂直方向に吹き抜けを昇っていき、その横の人間のいる座敷などは土壁が防火壁となることで、火をブロックする。

また、隣の家との間にも土壁があり、これも防火壁となる。向かい側からの延焼については、道路側の屋根を低くして延焼曲線◇より建物を下に作っていることや、二階部分の外壁を塗籠◇にしているため、避けることができる。戦国時代の戦乱から身を守るために作られたといわれる道路面の格子《こうし》は、現在も内からは外の様子がよく見えて、外からは内側がよく見えないという性質を利用して防犯効果を上げているが、一階のこの部分は当然延焼曲線より下になるため、道路を隔てた火事ではまず延焼しないだろう。また、奥の方からの延焼には、庭という水を含んだ空間や蔵という耐火建築物で防御している。

生活の変化に対応する

ではここで改めて、町家の設備ついて着目してみたい。町家は設備の点から見ると、

◇延焼曲線（えんしょうきょくせん）
縦軸に建物の高さ、横軸に火元からの距離をとって、他の建物で火災が発生した時に火が燃え移る範囲を示した曲線。

◇塗籠（ぬりごめ）
防火のために、柱や垂木（たるき）など外部に露出した木部が隠れるように土壁で覆う仕上げのこと。町家の場合は、仕上げは漆喰（しっくい）を用いることが多い。

井戸の「水」、おくどさんの「火」、天窓の「光」があるだけだが、この「基本だけが備わっている」ことによって、時代の変化にも順応してきた。今の町家の生活につながるもとは江戸時代後期にあると思われるが、明治以降の生活の変化は著しいものがある。井戸の水から上下水道へ、おくどさんからガス設備へ、行燈から照明器具へ。これらの目まぐるしい変化を町家はその本質を変えることなく、しかも柔軟に取り込んできたわけだが、それは、「設備を作りすぎていない」という点が、新しい設備と共存することにつながったからだろう。しかも、普段は新しい設備を便利に使っていても、もとの基本設備を残しておくことで、万が一、災害などで水道が出なくなり、ガスや電気が供給されない事態になった時も、それぞれの家で独立して井戸の水が使え、おくどさんで炊事ができ、天窓からは天空の光が入って生活が確保できる。平然と、いつもの日常が過ごせるわけだ。さらに、今後新たに開発されるような照明設備、台所周りの設備、情報設備などについても、もちろん基本設備はしっかり残したまま、あとから加えた部分を交換するだけで、最新のものも取り込むことができる。

　もともと町家は、複雑な自然を複雑なまま受け止めている住まいなので、このように、社会の変化にも万が一の災害にも対応できる、柔軟性のある住宅になり得るのだろう。

◇おくどさん
土間で煮炊きするのに用いられる土塗りのかまど。

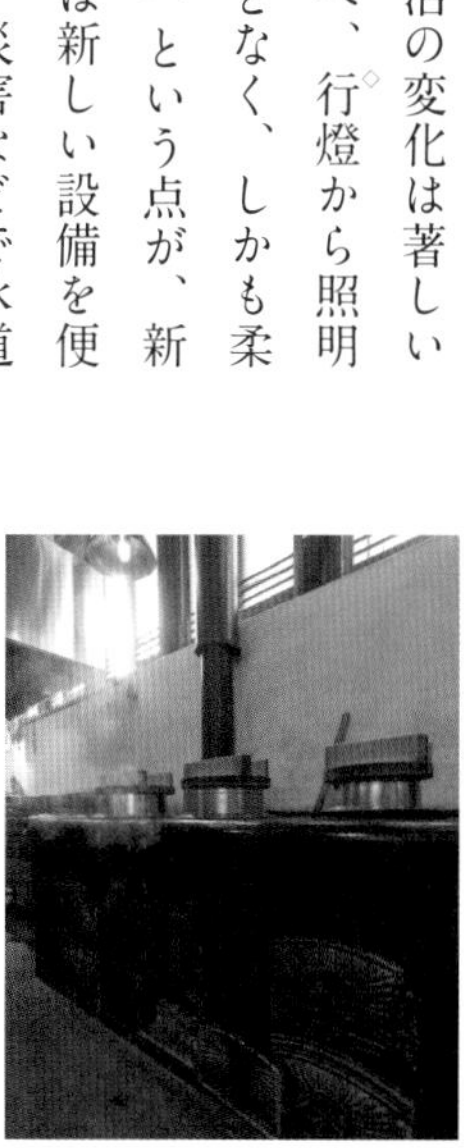

◇行燈（あんどん）
木枠などに紙を貼り中に油皿を置いて火を灯す、小型の照明道具。室内置きのものや柱に掛けるもの、持ち歩くタイプなどがある。

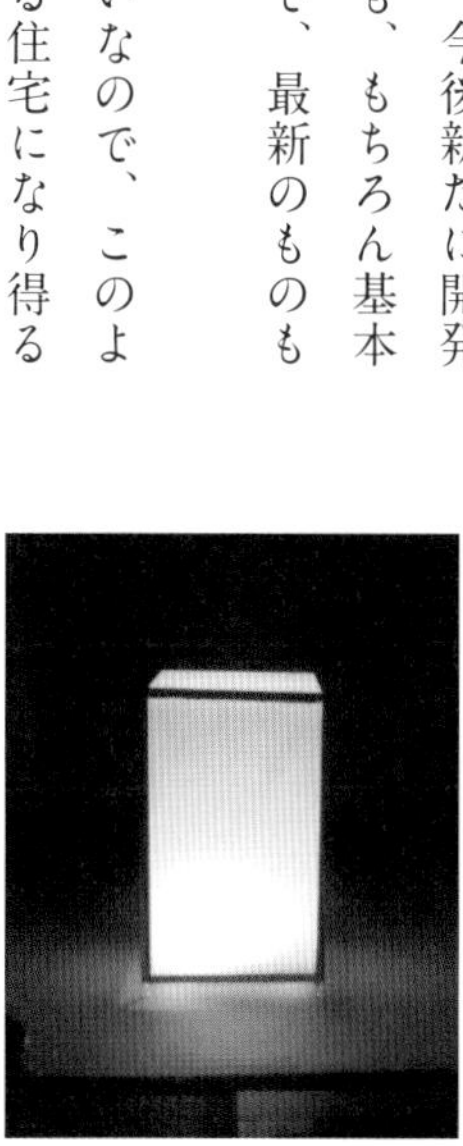

その3・町家は免疫力の上がる住宅である

環境由来微生物

微生物というと普段は気にも留めていないが、感染症などが流行すると、排除すべきものとして除菌や抗菌にいそしむことになる。家の中でも、カビが生えたらカビ退治やアルコール消毒をせっせとして、菌を寄せ付けない生活を送っているつもりになっている。一方で、有用な微生物としては、酒や醤油などの発酵に良い働きをしているものや、腸に良いとされる善玉菌、納豆菌あたりが知られているにすぎない。私たちはそれ以外の菌は周りにはいない方が良いと勝手に思い込んでいる。

しかし、今の人間の身体の仕組みやDNA◇は、1万年前から変わっていないといわれていて、そうであれば、1万年前から自然の中で自然とともに生活していた人間は、周りの微生物群（膨大な量と種類の環境由来生物や土壌由来生物）との間で、多くの組み合わせの中から共生関係ができ上がってきた微生物たちとともに、長年生命を更新し続けてきたことになる。

人間と微生物の共生関係は、微生物の研究者から見ると、「我々人間は、栄養補給も、代謝の調整も、免疫力も、有害な微生物が入ってこないようにすることなども、多くのことを腸内微生物に頼り、彼らの能力を利用している。我々人間を含めて生き物の周りは微生物だらけなのだ。……もはや我々自身についても、人間に微生物が付いているなどというレベルで考えない方がいい。むしろ人間やその他動物、そして植物が微生物の世界に入り込んでいるのである」（神川龍馬著『京大式◇ へんな生き物の授

◇DNA（「デオキシリボ核酸」の略語。deoxyribonucleic acid）多くの生物の遺伝情報の継承などを担う、高分子生体物質。

◇『京大式 へんな生き物の授業』（2021年・朝日新書）京都大学の新進気鋭の研究者・神川龍馬による、微生物の生存戦略についての書。光合成をやめて寄生虫になった微生物の話など、偶然と驚きに満ちたミクロの世界を紹介する。

業』）のだそうだ。世界中には数百万種以上の細菌が棲息しているらしいが、その中で、決まって病気を引き起こすものは50種にも満たないらしい。また、生態学者である◇ロブ・ダンの著作『家は生態系 あなたは20万種の生き物と暮らしている』によると、私たち人間は、行った先々に生物の大群を残していくようだ。どんな人でも1日におよそ5000万個の皮膚断片をばらまいており、空中を漂う皮膚断片の一つひとつに数千個の細菌が棲んでいて、それを食べているとのこと。細菌といっても、その圧倒的大多数は有益（食物の消化を助けてくれる、必要なビタミン類を生成してくれる、皮膚の表面で病原菌が付着しないように守ってくれる、病原菌が付着した時に身体がそれを撃退するのを助けてくれるなど）もしくは無害な種で、ほんの束の間生きているだけだという。この事実だけをとっても、人間は多くの生物と共存していることを認めないわけにはいかない。一人で暮らしていようとも、一族郎党《いちぞくろうとう》、何百兆という小さな生き物たちを引き連れて生活をしているということになる。

家の中の生物多様性

夏の朝、庭木に水をやり、縁側を開け放して、家の中に庭からの涼しい風を入れるのは、何とも気持ちのいいものだ。家に庭があり、土が身近にあって、少ないながらも樹木が植えられ、建物も木や土や紙で作られていて、換気といえば自然換気であり、いかに風を通すかを考えて作られている町家では、1万年前からの環境由来微生物との共生関係は保たれているといっていいだろう。こういう家は家の中に環境由来の微生物が多く棲み着いていて、生物多様性を持っている。人間にとって

◇ロブ・ダン（Rob Dunn）
ノースカロライナ州立大学教授、コペンハーゲン大学自然史博物館教授。専門はエコロジーと進化論。著書に『世界からバナナがなくなるまえに』など。

有害な細菌を排除したり、免疫力を強めたりしてくれるのだ。それが、現在一般に推奨されている家は、木造といえども外部と切り離した密閉した住まいであり、内部をエアコンで効率よく快適な温度湿度に保つことを目指している。こうなると、今までの微生物との共生関係は一挙に崩れてしまい、エアコンで温度管理された内部では、その環境に適合する決まった種類のみが異常に繁殖してしまうことになりかねない。

これは都市の中の住宅に限ったことではない。都市全体を見ても、最近、「マイクロバイオーム」◇ということがいわれはじめた。マイクロバイオームとは、人に共生している微生物と自然の中にいる微生物の総合のことだ。都市は利便性を高めやすいように作られたが、一方、感染症の拡大や大気汚染、アレルギー疾患の増加など、思わぬ問題が次々と出てきている。これは、人口が密集している割に植物などの自然が少ないので、ヒト由来の微生物の量に対して自然環境由来の微生物が少なく、微生物の系統的多様性（系統的に離れている微生物たちが同一環境に存在している）が低くなっていることが大きく作用しているためだといわれている。よって、都市のインフラとしても、「自然環境由来の微生物をうまく取り込むことが必要だ」という意識が高まってきているのだ。

庭があるということ

住まいに自然環境由来の微生物を手軽に取り込むには、まず住まいに付属して庭があること、そして庭に面して開口部を設けて自然換気をとることが大切になって

◇マイクロバイオーム（microbiome）
生物の周りや土壌・大気などの環境の中に存在する、多様な微生物の集合体のこと。ヒトの場合は、外部環境と接するあらゆる部位に微生物が生息しており、その種類は1000種、数十兆個といわれている。感染症などを起こす病原菌と区別され、常在菌と呼ばれる。

くるわけだが、この自然換気の有用性を早くから提唱した人物に、あのナイチンゲールがいる。ナイチンゲールは「近代看護教育の生みの親」であり「統計学の母」でもある。彼女は換気について、「窓を開けたり閉めたりする自然換気こそ、病人の生命の源泉、すなわち、新鮮な空気を手に入れる唯一の有効な手段である」（薄井坦子編『ナイチンゲール言葉集 看護への遺産』）という言葉を残している。

実際にＩＳＭＥジャーナル（平成24年・２０１２）によると、機械換気の病室と自然換気の病室の微生物の多様性を比較したところ、機械換気より自然換気の病室の方が微生物多様性が高く、病原菌の存在が少ないと報告されている。また、病院の集中治療室やクリーンルームなどでは、当然ながら室内の微生物多様性が低く、その中で多くの薬剤耐性菌が検出されたりもしているようだ。ナイチンゲールは病院での隔離治療に早くから警鐘を鳴らしており、「病院は病気を治してはくれない、障害物を除去してくれるだけで治す力は自然治癒力だ。だから患者として病院の世話になるよりは、家に戻って生活者としてヨタヨタでも自発的に動くことが一番の薬である」という主旨のことを述べている。これは、「病院から家に戻り、庭に面した窓を開けて自然換気をすれば環境由来微生物との共生が叶う。そうすれば、自身の免疫力も上がり自然治癒力も増していく」ということに当てはまるだろう。

何のことはない、これは戦前から続く町家の住まい方そのものだ。昔ながらの町家は、通風と採光のために、どんなに小さな住まいにも庭が作られている。これにより太陽で暖められた新鮮な空気を庭から取り込むことができる。さらに町家の室内の壁は土壁なので、ここでも環境由来微生物が活躍しているはずだ（P93参照）。「土

◇フローレンス・ナイチンゲール（Florence Nightingale）
イギリスの看護婦。１８２０年にイタリアに生まれる。クリミア戦争では多くの看護婦を率いて傷病兵の看護に当たり、「クリミアの天使」と呼ばれた。その後も看護学校を創設するなど、看護の教育制度を整えた。著書に『看護覚え書』。

◇『ナイチンゲール言葉集 看護への遺産』（１９９５年・現代社白鳳選書）
ナイチンゲールの疾病観や看護観などが浮かび上がるように構成された一冊。編者は薄井坦子。

◇ＩＳＭＥ（International Society for Microbial Ecology）
国際微生物生態学会

壁の家に住むと、病気になりにくい」といわれるのも、このあたりに理由があるように思う。

　自然を取り込み、都市の中にいながら自然とともに生活できる町家は、免疫力が上がる家でもあるようだ。

第1章 町家はどのようにして誕生したのか

～成り立ちと変遷～

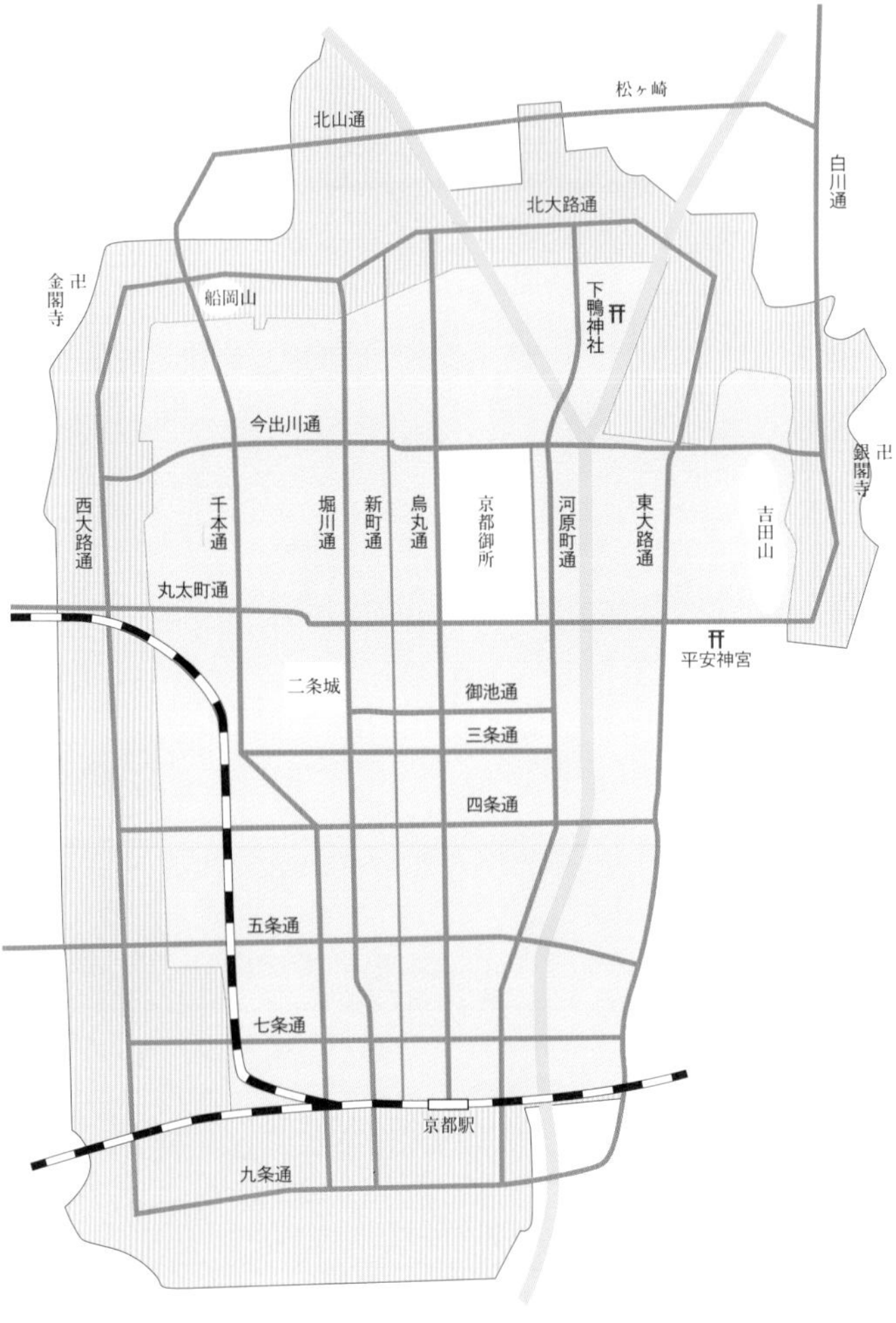

——1935年(昭和10)時点の土地区画整理事業
——1935年(昭和10)以前の市街地

―町家のルーツは平安時代?!―

長寿命であり、柔軟性を備え、人間の免疫力も高められる住居。では、この現代にこそ注目されるべき町家とは、一体どのようにでき上がってきたのだろうか。まずは、京都の町家成立の経緯について概観することからスタートしよう。

はじめに、ここでいう「町家」とは、「市街地に建つ、戦前木造住宅」のことである。第二次世界大戦後に建築基準法が施行されるが、それ以前に建築されていた木造住宅で、その時点で市街地の範囲にあったものが町家と呼ばれる建物だ。京町家でいえば、現在は市街地であっても、例えば松ヶ崎（京都市左京区）に戦前からある木造住宅は、昭和25年（1950）以前に市街地になっていない場所なので町家の範囲には入らず、農家または民家に分類される（P65参照）。逆に、昭和初期に京都市周辺の土地区画整理事業が行われるが、それによってできた住宅地に戦前に建てられた家は町家の範疇《はんちゅう》に入る。

船岡山と都

7世紀頃、山背国葛野《やましろのくにかどの》と呼ばれたこの地には秦《はた》氏が住んでいた。秦氏は以前から天皇との結びつきが深く、朝鮮半島から最先端の土木、養蚕、機織、酒造の技術を持ってきたと伝わる。その秦氏の治水・灌漑能力の優秀さもあって、四神相応の地として整えられた葛野に、延暦13年（794）、桓武《かんむ》天皇は都を移すことになる。

20年程前、高さ111・7メートルの船岡山にのぼったことがある。山というより

◇建築基準法（けんちくきじゅんほう）
1950年に制定された法律で、建築物の敷地、構造、用途などについて規定したもの。都市計画区域内の建蔽率（けんぺいりつ）や高さ制限などを定める。

◇治水（ちすい）
河川の改良や保全を行って洪水などの水害を防ぎ、灌漑や運輸の便をはかること。

◇灌漑（かんがい）
田畑に水路を引くなどして水を供給し、耕作地をうるおすこと。

◇四神相応（しじんそうおう）
地理的景観が四神に相応した優れたところ。東に流水＝青龍、西に大道＝白虎、南にくぼ地＝朱雀、北に丘陵＝玄武が備わる地のことで、平安京の地勢はこれにあたるとされた。

丘といった方がいいような（名前もそうなっている）ものだが、頂上からの見晴らしはいい。南に開けていて京都の盆地が一望できる。頂上付近に三角に尖《とが》った岩（というか石）がある。遠い昔、神様が地上に降りてきたとされる石かもしれない（石が先にあって、そこへ神様が降臨する）。1200年以上前、都をここに定める時に、すでにこの船岡山は信仰の対象だったという説もある。

その当時は、盆地のあちこちで水が湧き出る湿地帯で、比叡山の方から南西に流れる川（高野川）と、西の方を南に向かって流れる川（鴨川）があり、東には賀茂一族の糺の森が見え、西に目を転じると秦一族の集落があった。この状態で「ここに都を作る」と決めたことは、ものすごい英断だったに違いない。

この頃の地形について、『日本後記』には「山河襟帯《きんたい》シテ自然ニ城ヲ成《な》ス（周りの山々が、着物の襟《えり》のように取り囲み、川が帯《おび》のごとく流れる要害の地）」と記されているようだが、これは鳥の目というか宇宙から見た感想であろう。今であれば地図があり、それを見ればなるほど山と川が着物の衿と帯のようだ、と分かるが、当時はどのようにしてそれを見たのだろうか。現代に生きる私たちからすると、空中高くから見たとしか思えない。他にも宇宙からの視点を思わせる不思議はあちこちにあり、例えば西の桂川流域にいた秦氏の木嶋神社（蚕《かいこ》ノ社《やしろ》）には、上から見ると三本の柱が正三角形に配置されている鳥居が現存している。これも実際にその場に立つと、上からのエネルギーが三角を通して地上に降り、四方八方に広がるイメージがある。この頃の人は、宇宙の何者かと交信していたのではないか、と思いたくなる。そして、この空中からの視点が、町家の生活にある「天に向かう意識」につながっているよ

◇船岡山（ふなおかやま）
京都市北区にある小丘陵で、船を伏せた形をしている。平安時代には貴族の行楽地であったが、のちに火葬場、刑場に。応仁の乱では戦略上の拠点となり、織田信長を祀（まつ）る建勲神社がある。

◇糺の森（ただすのもり）
京都市左京区の下鴨神社の境内にあり、賀茂川と高野川の合流点に近い原生林。

◇『日本後記』（にほんこうき）
平安前期の歴史書で六国史（りっこくし）の一つ。桓武天皇から淳和天皇までの史実を漢文の編年体で記したもの。40巻のうち、現存は10巻。

◇要害（ようがい）
険しい地形のため、敵を防いで守りに有利なこと。またその地。

◇木嶋神社（このしまじんじゃ）
京都市右京区の太秦（うずまさ）にある神社で、正しくは木嶋坐天照御魂神社（このしまにますあまてるみたまじんじゃ）という。創祀時期は不詳。本殿右の摂社養蚕神社は、養蚕や機織などの術に優れた秦氏にゆかりが深く、本社も「蚕ノ社」と呼ばれるようになった。

うにも思える。

しかし考えてみると、現代のようにブルドーザーもダンプカーもない時代に、この広大な土地を人工的に作り直そうと決断したのだから恐ろしい。まずは、二つの川を糺の森の南端あたりで合流させて一本の川にして南に流す。これだけでも相当な大工事である。その上、人が住めない湿地帯を灌漑技術を持っている秦一族の力を借りて、水はけを良くして地表面を整備し、碁盤《ごばん》の目状に通りを作り、一大都市として人が集まって住めるようにするなんて、どれだけの労働力と時間とお金がかかるのか今でも想像すらできない。ともかくもそれをやってのけて、794年に都をここに定めたわけだ。

「まちや」の始まり

平安京の道路は、大路が南北に11本、東西に13本あり、道幅は朱雀大路28丈◇（約85メートル）、二条大路17丈（約51メートル）、その他は12丈（約36メートル）、10丈（約30メートル）、8丈（約24メートル）の3種があった。小路は南北に22本、東西に26本あり、道幅は4丈（約12メートル）であった。道幅12メートルの内訳は、道路部分7メートルと、道の両側の側溝《そっこう》と築《つい》地《じ》、側溝と築地の間の空閑地《くうかんち》とからなっていた。平安

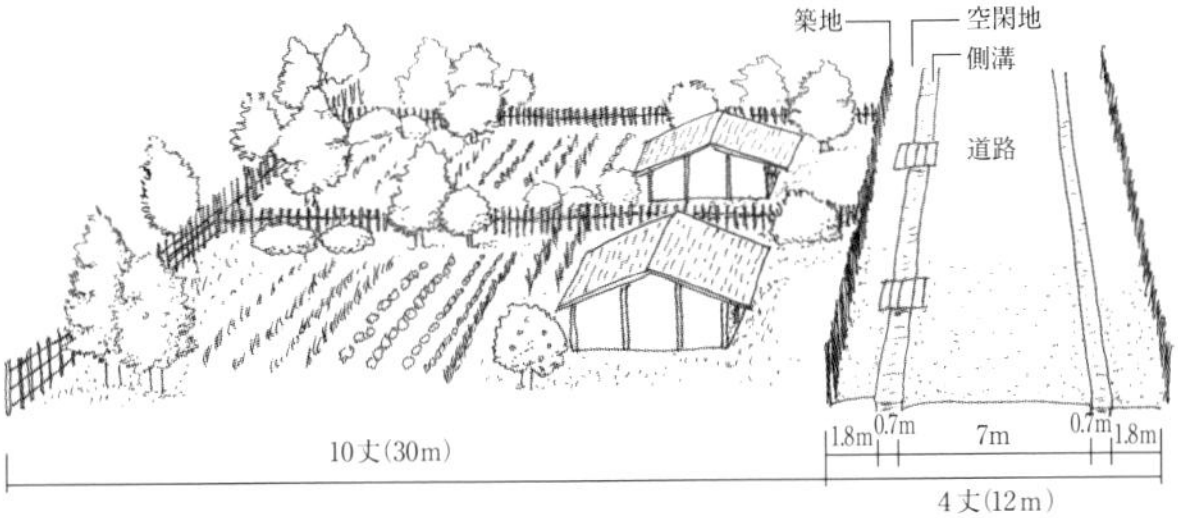

下級官僚の敷地が並ぶ小路にも道路の端に空閑地があった。ここにやがて町家が作られることになる。

◇丈（じょう）
1丈＝約3・03メートル

京が作られた土地は、もともとが湿地帯だったため、水はけを良くする必要があって側溝が作られたのだが、この側溝と築地までの間に、道路でもなく敷地でもない空閑地があり、その部分にやがて町家が誕生することになる。

　人が集まって住むようになると、この空閑地に市《いち》が立つ。実は、平安初期に「店《まち》屋《や》」と呼ばれたものはこの市場のことで、『延喜式』によると、食料品や服飾品を販売するための施設であったようだ。当時は官営の東市・西市があったが、いくら排水工事が施されていたとはいえ、もともとの地盤が原因で湿地が多い右京は廃《すた》れるようになり、しだいに左京に人が集まってくる。市も左京ブロックの中心にある町小路（今の新町通）に集まるようになり、道に面して売買の施設が並んで建つようになってくる。この売買施設にやがて居住の機能が加わり、現在に通じる町家の形ができてくる。

　もう一つ、町家の成立に関わったといわれるのが祭りだ。「賀茂祭」や、のちの時代の祇園の「御霊会」など祭の行列が都市住人の関心事となり、町並みにまで影響を与える存在であった。なかでも「葵祭」といわれる賀茂祭は、欽明《きんめい》天皇5年（545）に始まったと伝わるが、欽明天皇といえば、かの聖徳太子の祖父にあたり、それくらい古い時代に始まった祭りということになる。奈良からやって来た大和朝廷が、先住民である賀茂氏とその産土神である上賀茂神社に敬意を表するために、華やかで美しい行列をしつらえるという、政治的・宗教的意味合いの強い祭りである。平安京成立後も祭りは賀茂社の例祭として行われ、この行列を見物するための「桟敷」と呼ばれる仮設物が、道路の両側にある築地と側溝までの空閑地に建てられた。こ

◇『延喜式』（えんぎしき）
醍醐天皇の勅命により、弘仁式・貞観式以降の施行細則を編修したもの。平安初期の宮中の年中儀式や制度などを漢文で示す。50巻。延長5年（927）成立。

◇賀茂祭（かものまつり）
京都市にある上賀茂神社・下鴨神社の例祭で、京都三大祭の一つ。王朝風俗の行列が京都御所から下鴨神社を経て上賀茂神社へ向かう「路頭の儀」で知られる。祭人の冠や牛車などをアオイで飾るため、葵祭（あおいまつり）とも呼ばれる。

◇御霊会（ごりょうえ）
平安時代以降に行われるようになった、疫神や死者の怨霊を鎮めるために行う祭。京都の祇園御霊会など。

◇産土神（うぶすながみ）
生まれた土地の守り神のこと。近世以降は、鎮守の神や氏神と同義に。

◇上賀茂神社（かみがもじんじゃ）
京都市北区上賀茂にある神社で、正式名は賀茂別雷神社（かもわけいかづちじんじゃ）。平成6年（1994）に世界文化遺産に登録された。

◇桟敷（さじき）
祭の行列などを見物するために道路面などに設けられる、高く構えた床。

れも、町家のルーツの一つといわれている。

やがて平安末期になると、もともとの屋敷地に築地を巡らせて家を建てるというやり方から、道に面して住まいを建てるという方向に変わってくる。そしてこれが主流になると、それまで東西にしか宅地の正面がなかったものが、東西南北どの面にでも建てられるようになり、町並みがしだいに変化し始める。

『年中行事絵巻』を見ると、その頃の庶民の家は屋根は切妻板葺、壁は板を縦に張った板壁で、内部は入口から奥へ土間があり、その横に2つの板敷きの部屋がある「一列二室型」（P74参照）の町家だったようだ。

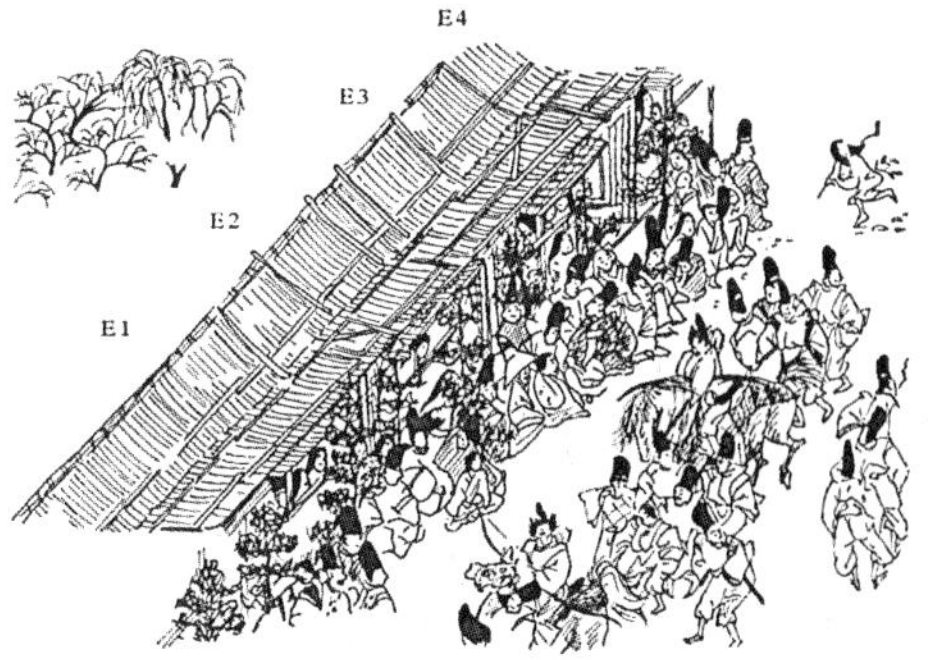

『年中行事絵巻』に登場する朝覲行幸の光景。（髙橋康夫著『京町家・千年のあゆみ 都にいきづく住まいの原型』学芸出版社、2001年、p.43より）

中世戦国期の町家の生活

その後、鎌倉、室町と時代が進むにつれて、庶民の住居や生活はさまざまな変化があったと思われるが、今の町家に直接つながる形態ではないため、ここでは割愛したい。さて、14世紀頃になると、狭い生活道路の真ん中に井戸が掘られ、その前に大きな平たい「物洗いの石」が置かれるようになる。近辺の住人はこの共同の井戸を使って生活用水を確保し、物洗いの石で洗濯をしていたようだ。そもそも町家というのは、個別の敷地の中だけで生活が完結するように作られた建物ではない。

◇『年中行事絵巻』（ねんじゅうぎょうじえまき）
平安時代における年中行事を描いた絵巻。60余巻あったとされるが、江戸時代の摸本が20余巻残る。後白河法皇の勅命で制作されたと伝わる。

◇切妻（きりづま）
切妻屋根の両端の山形部分のこと。切妻屋根とは書物を開いて伏せたような形の、大棟から両側に葺き下ろした屋根をいう。

◇板葺（いたぶき）
板で屋根を覆うこと。またその屋根のこと。

◇物洗いの石（ものあらいのいし）
衣服などを洗う時に、手や足で押し当てる石のこと。手もみで洗濯するより汚れが落ちやすいので、使われたものと思われる。

つまり、町家がいくつか集まって路上に共同で井戸を作る、あるいは物洗いの石を置くなどの助け合いの下で暮らしが成り立っている。このため、こうして道路を挟んだ両側の町家が一つの町を形成し、「町組」という共同体が生まれてくる。これは今に残る「両側町」で、現在の街区ごとに町名をつけるやり方とは全く違った発想である。さらにここでの町は、地域住民の平等な組織であったため、町家のあり方も自ずと均一的になる。その結果、よく似た等質の町家が並ぶという景観が形成されてくる。

ただし、道に面してはよく似た等質のファサードが並んでいるが、奥へ行くと多様な展開を見せる。母屋《おもや》の通りニワを抜けるとハナレがあったり、裏長屋があったり、小屋が建っていたり、茶屋（今の茶室の原形にあたるような建物）が建っていたりする。京都の人は、よく「うちはうち、よそさんはよそさん」と言うが、表の顔は周りの人たちと同じようにしていても、実際の生活はそれぞれの事情があるわけで、どこも同じとはいかない。これは、その実際の顔を表す言葉だろう。社会的な付き合いはそつなくやるけれど、実際の生活は隣と同じにはしない。自律した生活に対する考え方は、この頃から培《つちか》われてきたものだと思われる。

ところで、この奥行き方向の空間軸は、茶の湯と結びつくと「市中《しちゅう》の山居《さんきょ》」という特有の環境を作り出すことになる。町家の内部構成は第2章で解説するが、表はゲンカンがあり、ミセがあって、外部の人の出入りがある。通りニワに入っていくと、おくどさんなどの炊事の場があり、通りニワに面してダイドコ（家の人が食事をする場所）があり、ダイドコの奥には庭に面してザシキ（主人の場、来客を迎える場所）

◇町組（ちょうぐみ）
町々が自衛や自治を目的に連合した自治組織で、結成の時期は天文初頭（16世紀中頃）と推測される。安土桃山期から江戸幕府成立までの商工業の発展によって新しい町々が成立し、町組の分割や再編などが進む。

◇ファサード（façade）
建築物の正面のことで、通常は主入口のある面をいう。

◇通りニワ（とおりにわ）
P75参照

◇ハナレ
町家の奥の庭にあり、母屋から離れて建っている空間。母屋とは渡り廊下で行き来できるものもある。第一線を退いた隠居が暮らす場所として使われていることが多い。

◇ゲンカン・ミセ
P75参照

◇ダイドコ・ザシキ
P75参照

がある。このように、道路から奥に行くにしたがって、パブリックな空間からプライベイトな空間へと色合いが変わっていくのが基本であるが、奥の庭に茶室を設ける場合は、そこまでの通路は飛石伝いに木々の間を縫っていくように作られる。これが「市中の山居」であり、全く別の世界が出現する。この奥行方向の空間軸を劇的に転換させる仕掛けは、都市という極めて人為的な住宅形態の中にあって、山里の自然が溶け合う精神性を取り込んだものといえる。のち程詳しく触れたいと思うが、これは今につながる町家の大きな特徴でもある。

さて、15世紀後半になり応仁の乱の頃になると、京都の町なかは戦乱に巻き込まれ、このあと11年ぐらいの間、争いの場所になる。庶民には迷惑な話で、とばっちりを受けないために道路面に格子や連子◇を設けて固い防御の構えを作った。外の土埃《つちぼこり》や血の匂い、さまざまな人の思惑《おもわく》が入り混じった空気も格子の内部にまでは入り込まず、人々は外の様子を窺いながら普段の生活を続けていたのだろう。格子があることで、外からは内の様子を見ることができないのを最大限生かして、おかみの争いにはなりをひそめながら、自分たちの生活はきっちりと守っていたわけだ。これも、今に続く京都人の気質かもしれない。

秀吉の大改造

中世の戦国期を戦い抜いた豊臣秀吉は、天正13年（１５８５）、ついに関白となって天下を統一する。その後、秀次に関白の座を譲って太閤となり、隠居した天正19年（１５９１）から、秀吉は京都を城下町にしようと大改造へ着手する。

◇連子（れんじ）
窓や扉、欄間の表側に、木や竹などの細い部材を縦や横に一定の間隔で取り付けたもので、格子よりも部材及び間隔の大きいもの。

まず、「お土居」を巡らせて洛中と洛外をはっきり遮断《しゃだん》した。これは、外敵の侵入に備えるという意味のほかに、東の鴨川と西にある紙屋川の二本の河川の氾濫から洛中を守るという意味もあったようだ。そして戦乱で分断された道路網を整備し、平安京以来の正方形のブロックの中に南北に道路を一本ずつ加えて、長方形の区画を作った。これを「突き抜け」といい、できた町を突抜町《つきぬけちょう》という。今も多くの突抜町があり、中には「天使突抜町《てんしつきぬけちょう》」などというウソのような町名もある。それとは別に、もともと上京に多くあった辻子は新しく町通りになり、平安京由来の１２０メートル×１２０メートルの街区から60メートル×１２０メートルの街区へとブロックの大きさが変わった。これが現在の町家街区の基礎になっている。ただし、祇園祭の鉾町についてはさすがに縦に割ることはできなかったようで、もとの１２０メートル×１２０メートルの街区が残っている。秀吉はまた、都の東端（以前の東《ひがし》京極《きょうごく》大路）に寺を集めて「寺町」を作った。これにより、町なかに散在していた寺は東の端に集約されることになる。

こうして着手した京都大改造も、結局は途中で挫折し、伏見に城を作ることになるのだが、この指月伏見城《しげつふしみじょう》が完成した直後に、マグニチュード7・5クラスの大地震が京都南部を襲う。世にいう慶長伏見の大地震（慶長元年・１５９６）である。これにより伏見城天守は崩壊し、城内だけでも６００人が圧死したといわれ、周囲の町家の被害も甚大《じんだい》だったと想像される。

その頃の町家は、地面を少し掘り下げて柱を突っ込んだ「掘立柱」で作られていた。この方式は、地面が動けばその動きが直接上の構造に伝わるので、地面がひどく揺

◇お土居（おどい）
天正19年（１５９１）に豊臣秀吉が京都の中心部を取り巻いて築いた、全長22・5キロメートルの土塁。現在も一部が残る。

◇辻子（ずし）
行き止まりにならずに、通り抜けられる路地のこと。

◇鉾町（ほこちょう）
祇園祭の鉾を保存管理、運営している町。

すられるとひとたまりもなく、柱は折れ、家は倒壊する。当時は建築基準法もなく、おかみからのガイドラインを示されているわけでもなく、倒れたことを（そのために亡くなった人がいることを）それらのせいにすることもできず、町家を作った大工たちは自責の念にかられ、必死で次の策を探したことだろう。

京都はそれまでにも何度も地震に襲われている。例えば『方丈記』◇によれば、元《げん》暦《りゃく》2年（1185）の地震（マグニチュード7・4とされる）では、「山はくづれて河を埋《うず》み、海は傾《かたぶ》きて陸地《くがち》をひたせり。土裂けて水涌き出で、巌《いわお》割れて谷にまろび入る。なぎさ漕ぐ船は波にただよひ、道行く馬は足の立ちどをまどはす。都のほとりには、在々所々《ざいざいしょしょ》、堂舎塔廟《どうしゃとうびょう》、一つとして全《また》からず」とある。それでも町家の構造は以前と変わることなく、掘立柱で建て直されていた。それは『方丈記』にあるように「月日かさなり、年経《へ》にし後《のち》は、ことばにかけて云ひ出づる人だになし」（人々がこれを運命だとあきらめて、その経験から何も学ぼうとはしなかった）からだろう。

しかし、慶長伏見の地震では、鴨長明が下鴨神社◇の式年遷宮からヒントを得て移動式の庵を作ったように（P48参照）、町家も掘立柱から、お寺や神社と同様の、礎石の上に柱を置く方式に辿《たど》り着いたものと思われる。以後の町家は、突き固めた土の上に石を置いてその上に柱を立てる方式になったといわれ、現存する町家もこの構法である。

◇掘立柱（ほったてばしら）
家を建てるために、直接土中に埋め込んで立てた柱のこと。

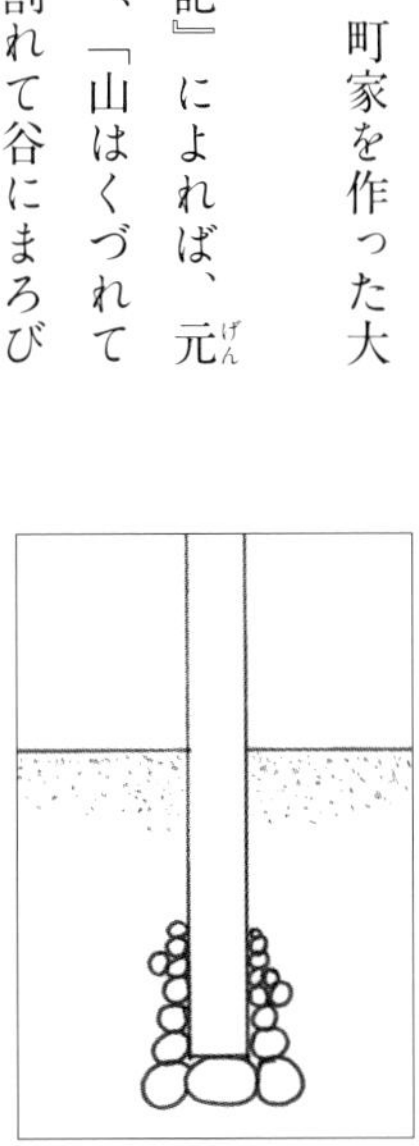

◇『方丈記』（ほうじょうき）
鎌倉時代初期の随筆。著者は鴨長明（かものちょうめい）。仏教的無常観を基調に人生の無常を述べ、隠遁（いんとん）して日野山の方丈の庵に閑居するさまを和漢混交文で記したもの。

◇下鴨神社（しもがもじんじゃ）
京都市左京区下鴨にある神社で、正式名は賀茂御祖神社（かもみおやじんじゃ）。平成6年（1994）に世界文化遺産に登録された。

人間の感覚と「方丈の庵」の大きさ

下鴨神社の南、糺の森の南端に河合神社がある。玉依姫命《たまよりひめのみこと》を祭神とし、今は女性の守護神として、手鏡形の絵馬に顔を描いて願い事を奉納する「鏡絵馬」がよく知られているが、『方丈記』の作者の鴨長明がこの河合神社の禰宜の息子であったので、晩年を過ごしたといわれる「方丈の庵」が復元され、境内にしつらえられている（2023年8月現在は境内整備のため、糺の森の敷地内に移設中）。

大きさは「方丈」といわれている通り、一丈四方（約3メートル×約3メートル）、高さは七尺（約2・1メートル）。四隅とその中央に石が置かれ、その上に土台を置き、土台の上に柱を立て、簡単な屋根をかけて、材と材の継ぎ目ごとに掛け金をかけたものだ。他の場所に移る時は、掛け金を外して解体し、簡単に移動できる。この方式は、立てられている札の説明によると、21年ごとに式年遷宮を行う下鴨神社の本殿にヒントを得て（鴨長明も7歳の時に第6回の式年遷宮を見ている）、同じように両端と中央の石を渡した土台の上に柱を立てる構造にしたのではないか、とされている。鴨長明は50歳の時に、すべての公の役職から身を引き、大原の里に隠遁《いんとん》した。大原を転々としたのち、54歳の時に日野の山里に落ち着いたが、その間この移動式の栖《すみか》で暮らしていたようだ。時代は13世紀初めの頃である。今はどこの土地へ行っても、どこの山へ行っても、そこは誰かの土地であり勝手に住むことはできないが、その当時はあちこち場所を変えて住むことができたのだろう。

一丈（約3メートル）四方、すなわち四畳半の大きさにあたる、鴨長明の方丈。移動可能な組み立て式であった。

『方丈記』の記述からは、方丈の庵での暮らしも窺うことができる。庵の外、庇《ひさし》の下にかまどを設けて炊事場とし、燃料の柴はすぐ脇の林で調達した。また、山から湧き出る水を竹の樋《とい》で引いてきて使った。内部の東側は生活の場で、夜はここで眠った。西側には仏様の絵像を壁に掛け、花を飾り、経を読んだ。また一画に和歌や管弦に関する本が籠に入れてあり、その横には折りたたみ式の琴や琵琶が置かれていた。

このような庵に住んでいたわけだが、注目すべきはその大きさである。人間が腰を下ろしたままで、即座に手の届く範囲は1・5メートル程度である。言い換えれば、人間が自分の領域と感じる空間の大きさが半径1・5メートルの円の中ということだ。方丈の大きさ（約3メートル×約3メートル）というのは、まさにこの人間の持っている目に見えない「なわばり」の大きさにほかならない。茶室でいうと四畳半の大きさになる。茶室の場合は京畳の大きさを基準とするので、四畳半の内法《うちのり》の大きさは六尺三寸＋三尺一寸五分（2863ミリメートル）で、これに柱の寸法を加えると、柱芯々寸法ではほぼ3メートル×3メートルとなる。この大きさが基準となり、それより小さいものを小間、大きいものを広間と呼んでいる。四畳半の中に人が二人入ると、どこにいてもそれぞれの半径1・5メートルのなわばりが重なるので、お互いに無視することはできない。これが六畳の両端であれば、お互いのなわばりが重なることがなく、見知らぬ人でも一応安心できる距離を保てる。また、向かい合っている人が1・5メートル以上離れると前の人とは話さずに、横の人と話すようになるといわれている。これらのことも、方丈という大きさの空間が、人間の感覚的ななわばり意識をすっぽり包む大きさであることを物語っている。要するに、一人でいて居心地のいい大きさなのだ。

「方丈庵」の模型（『1/50組立式ペーパークラフト』CUZUMI Designs）

◇禰宜（ねぎ）宮司や権宮司を補佐する者。一般に神職の総称にも用いる。

—江戸時代と地続きの家—

現存する町家に直接つながるのは、江戸時代の三度の大火によって改良され、でき上がった建物である。それは、当時の最先端の技術と知恵を結集したものであり、建設にもその中の生活にも人力以外のエネルギー使用はゼロに近い家だ。今でいうところの「持続可能な循環型の住まい」である。

町家スタイルの確立

幕府が江戸に移ってからも、京都に地震は襲ってきており、寛文京都地震（寛文2年・1662）、文政京都地震（文政13年・1830）など、大きな地震が記録にも残っている。寛政5年（1793）に谷村元珉◇という医師が書き記したものによると、「地震の揺れによって驚いて外に出ると、かえってけがをするものだ。よくよく心を静めて、落ちる物に用心するよう」と説いており、「戸がひとりでに倒れなければ（建物がひし形に変形して戸や障子が外れる）内部にいて火の用心に心がけ、戸が倒れたら（これ以上変形すると家屋が倒壊する）落下物に気をつけながら外へ出よ」ということを記している。また、別の記述では、「地震の前には急に井の水へる物なり。へらぬ井戸はにごる物なり」とある。何度も地震に遭う中で、住民一人ひとりが地震についての心得を、少しずつ身につけていったのだろう。町家の建物についても、地震に遭うたびに被害のあった場所が点検され、部材が補強されたり

◇谷村元珉（たにむらげんみん　1755〜1819）
末裔にあたる谷村英彦が、2016年に『伊予国大洲藩医師　谷村元珉純甫資料集成』を編集。谷村家第三代の元珉純甫が江戸寛政の頃に書き残した書籍や巻物を解読しまとめ直した本書は、歴史や医学に関する貴重書とされる。

組み立て方がより頑強なものに変えられるなど改良が繰り返され、柱と梁の仕口や細部の納まりの技術も徐々に高められていったものと思われる。

また、防火面はというと、こちらも地震同様に、三度の大火を経験しながら仕様や建て方が見直され、今につながる町家スタイルができ上がってくる。宝永5年（1708）、油小路《あぶらのこうじ》三条付近から出火した宝永の大火では、東へ延びた火が鴨川で止まったため、そのあと鴨川の東に寺や家を町ごと移設している。その80年後、天明8年（1788）に、鴨川の東にある宮川町の空き家が放火され、炎が町じゅうに広がった大火が、天明の大火と呼ばれる京都史上最大の火事である。それから再び約80年後の元治元年（1864）、長州藩と幕府軍側との内乱（蛤御門の変）によって起こった火事も、町じゅうを燃やしてしまった。大火のあとの復興時には、いちどきに大量の町家の建設が必要になる。これが、大工道具の改良や製材技術の発展と相まって、町家の規格化や標準化を生み出した。間取りとしては、道路から奥へ貫く通りニワに面して、ミセ、ダイドコ、ザシキという三室が置かれる「一列三室型」（P74参照）が標準になる。また、屋根は瓦葺きになり、厨子二階や虫籠窓などの防災を意識したものもできてくる。

さらに元禄期あたりからは、火事のあとの復興に際し、交通量の多くなった道路の拡張も行われ、延焼防止の役割も果たしたようだ。また、町家の居住者は、特に借家では頻繁《ひんぱん》に入れ替わるため「町式目」という規約が作られるようになり、この中には、二階で灯火を使う際に「つけっぱなしで寝たら罰金をとる」という項目もあり、防災意識は非常に高かったと思われる。

◇仕口（しぐち）
梁などを直角または角度をもって接合すること。またその接合部分のことをいう。

◇厨子二階（つしにかい）
軒高が低い町家に設けられた、道路側の屋根裏空間のこと。かつては使用人の寝室、または物置などに使われた。

◇虫籠窓（むしこまど）
厨子二階の道路面の窓。もともと虫籠のような細い格子が窓一面にあったが、防火、防犯上の理由で太い塗籠の格子になったもの。

◇町式目（ちょうしきもく）
安土桃山期から江戸期にみられる町内の規約。居住者への職種制限や町の寄合規定など、いずれの町でも内容は同等であった。

こうしたハード、ソフト両面の防火措置により、京都は大都市の割に大火は江戸時代に3回だけで、非常に火事が少なかったといわれている。ちなみに、「火事と喧嘩は江戸の華」といわれた江戸では、江戸時代を通じて90回ぐらい大火があったらしい。これは、3年に一度の割合になる。

江戸期の町家の生活

では、江戸時代の町家で営まれる暮らしとは、どのようなものだったのだろう。この頃の町家の設備というと通りニワに井戸があり、おくどさんが備わっていた。そして吹き抜けの屋根には天窓があり、天空の光が届いた。表通りから入ったところにある長屋では、共同の井戸があり、共同のおくどさんがあるところもあったようだ。生活の基本である水と火と光が個別に設備されていて、日用品は木製品が多く、人々は着物を着て生活していた。そして夜はせいぜい行燈の明かり程度の中で、普段は太陽とともに活動する生活であった。

人々はそれぞれが自立して生活していながら、町内の行事を皆で執り行い、いざという時、災難が起こった時、町内が中心となって共同で難儀を乗り切っていた。お医者さんなどの大きな町家では人々がよく集まり、いろいろな交流もあったことが知られている。この時代は、生活に関わるすべてのものを使い切り、使い尽くして生活をまわしていた。現在のエネルギーの100分の1以下のエネルギーで高い文化水準の生活を続けていたことになる。このあたりのことを実際に体験された報告としては、石川英輔・田中優子共著『大江戸生活体験事情』◇に詳しい。このお二

◇『大江戸生活体験事情』（2002年・講談社文庫）
火打ち石での火おこしや旧暦での生活、着物、下駄、行燈など、江戸時代に使われていた道具で暮らした2年間の体験を綴ったエッセイ。

人は江戸に関する著作も多い。また、私が師匠と仰ぐ杉浦日向子さんの著書などを読んでみると、江戸時代の生活が蘇ってくる（P55参照）。

明治〜昭和初期の設備の大変革

さて、先程触れた幕末の蛤御門の変で起こった大火は、あっという間に燃え広がったため「どんどん焼け」と呼ばれ、北は丸太町、南は七条通、東は寺町、西は東堀川の範囲が焼失した。したがって、江戸時代の町家で現存しているものは、堀川より西や、北の鞍馬口通で散見されるにとどまる。また伏見についても、街道沿いにいくつか現存している程度だ。

町なかは、そのあとの東京奠都もあって、なかなか復興が進まなかったが、それでも商家の大きいところから復元され、厨子二階の町家が並ぶ景観が形成されていく。明治の中頃に琵琶湖疏水の水を利用した水力発電が行われ、市電が走るようになると、徐々に電灯が大きな商店などに灯り、また明治後期にはガスの供給が始まったため、ガスによる照明（ガス灯）の痕跡《こんせき》が残っている町家もある。この頃から、町家は設備面での変革期に入ることになる。

明治後期〜大正時代にかけて、二階建ての高さが、以前より高く本二階となり、電気による照明が一般的となるが、まだまだ井戸水とおくどさんによる炊事や汲《く》み取りトイレなどは以前のままであった。また、大正8年（1919）に市街地建築物法が制定され、「道路に突出して建物を建てることができない」と定められたことにより、以前は敷地か道路かがあいまいだった下屋の庇下《ひさしした》の部分が敷地内となり、

◇杉浦日向子（すぎうらひなこ　1958〜2005年）
漫画家、江戸風俗研究家、エッセイスト。1993年漫画家を引退し、隠居して江戸後期を中心とした生活や風俗についてのエッセイを数多く発表した。江戸暮らしの魅力を表現した『お江戸暮らし　杉浦日向子エッセンス』など。

◇奠都（てんと）
都をある地に定めること。

◇市街地建築物法（しがいちけんちくぶつほう）
日本で最初の建物規制についての法律。大正8年（1919）に都市計画法とともに公布され、用途地域制や防火地区制などの規定が設けられた。昭和25年（1950）に全面改正され、これに代わり建築基準法が制定される。

それ以後の町家の形態に影響を及ぼすこととなる。昭和の時代に入り、それまで出格子として敷地と道路の中間の場所に遠慮がちに出していた部分に腰壁を作り、はっきりと建物の一部とする形が生まれてきたのもこのためだ。さらに、それまでの町家は基本的には職住併用住宅であったが、土地区画整理事業により、既存市街地の外部に住宅地が整備され、そこに住宅専用の家が建てられるようになっていった。

先述したように、現存している多くの町家は江戸時代の大火のあとに作られたもので、明治時代、大正時代、昭和の始めの建築がほとんどである。外部の様式としては、厨子二階から本二階になり、出格子から腰壁のついた昭和初期型に変化しているが、内部の構成やそこで営まれていた生活様式は、江戸時代から昭和に入って第二次世界大戦まで、そんなに変わることはなかった。よって、江戸時代の暮らしを今も受け継いでいるのが町家の生活であるともいえる。

◇出格子（でごうし）
P82参照
◇腰壁（こしかべ）
下方の部分壁。窓台から床までの間にある側壁のこと。通常は上部と異なる仕上げになっていることが多い。

今につながる江戸時代の暮らし

現在の私たちには祖父母の記憶があり、直接話を聞いたり言動を見たりしている。祖父母たちにはさらに祖父母に当たる人たちの記憶があったと思われるので、五代前、すなわち江戸時代の後期に生きていた人の言葉や言動の記憶はダイレクトに私たち世代にまで伝わっている。同様に、今の町家の構成や生活空間の骨格は、江戸後期の形をもととしているため、そこで営まれていた生活が、現存する町家での生活のもととなっていると思われる。今では想像もつかないかもしれないが、町家の空気感を肌で感じるには、江戸時代の人々の暮らしにも目を向ける必要があるだろう。そこで、杉浦日向子著『お江戸暮らし 杉浦日向子エッセンス』（P53参照）など、当時の様子が描かれた資料を参考にしながら、ここでもう少し触れておきたい。

当時は、生命の誕生からして、まず母親は命がけで子どもを産んだ。その子どもも七つまでは神様の側にあるとされ、七つまでに神様側に持っていかれることは、「神隠しに遭う」などといわれ、仕方のないことと思われていたようだ。それほど乳幼児の死亡率は高かった。七五三の行事を無事に終えると、ようやくその子は人間の側の所属になった。その後も「はやり病」（コレラ、疱瘡《ほうそう》、はしかなど）や何かで若くして亡くなることも多く、成人して次の代につなぐことができたら、親としてはひと安心。それからあとは60歳ぐらいまで生きる人も結構いたようで、中には80、90になるまで生きて多くの業績を残した人もいる。ただ、70歳を古希（古来まれ）というように、そこまで生きる人は稀《まれ》であったようだ。生活をする上では、電気も水道もガスもなく、カレンダーも時計もない。自動車も電車もないわけで、今の生活では「数字」がさまざまな判断の基準になっているが、その当時は自分の感覚や記憶、言い伝えが一番の判断基準であった。今日が何月かは、その時に咲く花の種類や夜空の星座の位置で知り、何日かは月の満ち欠けで判断した。今が何時かは主に太陽の角度で知るか、お寺の鐘の音で知った。太陽が昇る前の薄明るくなる時分を「明け六つ」、太陽が沈んでたそがれの時間を「暮れ六つ」として、その間を六等分して時を決めていた。この時間の感覚については、のちほど第３章でも述べてみたい。

その頃の暦は太陰太陽暦で、例えば年の初めの元日は立春に最も近い朔日《ついたち》（新月の日）としていたので、新しい年を迎えるということは、文字通り新しい春を迎えることになる。桃の節句（３月３日）も現在のひと月遅れで考えると、確かに桃の咲く時期であり、端午の節句（５月５日）も今の６月頃とすると、菖蒲も納得できる。こういった生活では、どうしても周りの自然の変化に敏感にならざるを得ない。

食事はというと、朝は前日の残った飯を粥《かゆ》にして済ませ、昼にはご飯をおくどさんで炊き、一汁一菜をつけていただき、夜は茶漬け程度だったようだ。水は井戸の水を主に使っていた。

移動はもっぱら徒歩。通信手段も限られており、人に何かを伝えたい時は、基本、歩いて行って要件を伝えた。物の運搬も、人力か牛や馬を使う程度に限られた。旅に出るのも徒歩なので、大きな距離の移動は一生のうちそうたびたびあったわけではない。伊勢へのお詣りには、伊勢講などでお金を貯めた者が、仲間を代表して行ったようだ。そのように正式に旅に出る者ばかりでなく、奉公に出て１、２年経った頃、奉公がつらくなって家出をすることがちょくちょくあったようで（元文４年・１７３９『町代日記　古久保家文書』）、行き先が「伊勢詣り」ということになっているものも少なくない。いわゆる「抜け詣り」で、旅の費用もないので、途中で親切な人からの施しを受けながらの旅だったと思われる。その頃は京都から伊勢までの旅は７日（往復が２日ずつ、伊勢で１日）といわれていたので、元気な若者にとっては何とかなる旅ではあったが、それでも途中で挫折して戻ってくる者もあったようだ。今の新幹線や飛行機で移動するのとは違い、その当時の旅は人の記憶に深く刻まれる体験だったことだろう。

また、小さい子どもは寺子屋で読み書きそろばんを習っていたようだ。この頃は本を読むというのは、その本を一冊丸々書き写すことで、書き写す道具についても鉛筆やボールペンではなく、墨をすって筆で記していた。そして書き写すことで、その本の内容を分からないままに記憶していた。さまざまな情報が溢れる現代では想像がつかないが、ごく少ない情報を深く深く身につけていくのがこの時代のやり方だった。そして、夜の明かりとしては、せいぜい行燈ぐらいだ。この明るさでは現在の活字の本はさすがに読みづらいが、毛筆で書かれた文字は十分に読むことができる。また裁縫などの細かい仕事もすることができるが、何分《なにぶん》、明かりにする菜種油は高価なものだったので、夜に何か活動するということは少なかったはずだ。このように、江戸時代の人々の生活は、五感をフルに活用しながら、自然と太陽の運行や月の満ち欠け、植物の生育などに同調したリズムになっていた。

今よりも短い一生を、その時その時を五感で深く味わいながら暮らしていた江戸時代の人々。庶民の生活では、毎日決まったことの繰り返しの中で一年が過ぎ、次の季節で「また桜の花が見られた」ということに深い感謝の思いを持ちながら、亡くなるまでの寿命を生きていた。そこには現在のような「上昇志向」や「拡大志向」は働かず（これを持っていたのは主に武士たちのみ）、次の代に早くバトンタッチして40歳あたりで隠居するというのがかっこいいとされていた。隠居するところまでくれば、それまでの知識や失敗の体験などが熟成して身についた「智恵」になっており、若いもんからも一目置かれ、新しい楽しみも増える。そんな思いから、早く隠居したいと憧れるような老人天国であったのだろう。◇貝原益軒の『養生訓《ようじょうくん》』（正徳3年・1713）にも、「長生《ながいき》すれば、楽《たのしみ》多《おお》く益《えき》多《おお》し。日々《ひび》にいまだ知《し》らざる事《こと》をしり、月々《つきづき》にいまだ能《よく》せざる事《こと》をよくす」とあり、もう少し前に書かれた◇井原西鶴の『日本永代蔵《にっぽんえいたいぐら》』（元禄元年・1688）にも「若き時心《こころ》をくだき身を働き、老いの楽しみ早く知るべし」とある。今と違って、老人に価値がある社会だったことは確かなようだ。

「貧賤《ひんせん》なる人も、道を楽しんで日をわたらば、大《おおい》なるさいわいなり」（『養生訓』）（社会の最下層にいるような貧しい人でも、自然の摂理に従って楽しんで一日を過ごすなら、おおいに幸せなことだ）。これが江戸時代の空気感であり、こうした時代の生活の空気が今に伝わっているのが、町家の空間であると思われる。

◇伊勢講（いせこう）　伊勢神宮を信仰する人たちの団体。参宮のための積立や定期集会を開くほか、交代または総出で伊勢参宮をした。

◇貝原益軒（かいばらえきけん　1630〜1714）　江戸前・中期の儒学者、教育思想家、本草学者。筑前生まれ。著書の『養生訓』は、健康維持について分かりやすくかつ具体的に説いた医書として知られる。

◇井原西鶴（いはらさいかく　1642〜1693）　江戸前期の俳人、浮世草子・浄瑠璃作者。大阪の人。自由奔放な句を詠んだほか、矢数俳諧（やかずはいかい）でも知られる。浮世草子作者としても好色物や武家物などに傑作を残した。著書に『好色一代男』『武家義理物語』など。

―町家は絶滅危惧種？―

現在の建築基準法では町家を新たに建てることができないため、今ある町家が取り壊されれば再び建てることはできない。町家は「滅びゆく美だ」といった人がいたが、希少価値があるから大切なのではなく、これまでの人々の叡智と技術を切って捨てるようなことがないように大切にしていかねばならない。

戦後の生活様式

昭和25年（1950）の建築基準法により町家の構造が禁止され、新しい町家は作られなくなった。第二次世界大戦後、日本が復興する中で、各家庭に電気が通り、ガスが引かれ、上下水道が整備されたが、町なかの人たちはそういった公共の設備を喜んで受け入れる一方、いざという時は各家で自立して生活ができるように、おくどさんや井戸、天窓などの昔の設備も備えていた。しかし、昭和30年代以降になるとトイレの水洗化が進み、通りニワを通って奥のトイレにまで肥桶《こえおけ》を持って行くことがなくなった。すると、通りニワが土間である必要がなくなり、周りの部屋と同じ高さの床を作り、流し台＋ガスコンロを備えて炊事をする家が増えていった。井戸も埋め、吹き抜けに二階床を作り、裏には内風呂を作る家も出てくるようになる。そうなると、すっかり公共のインフラに頼りきりになり、各戸の設備の自立性は失われていった。と同時に、大きな地域の祭りなどでつながっているところ以外は、周りの町内との共同意識も薄れていくようになる。

　生活の面でも◇西山夘三により「寝食分離」という理論がいわれ、それに従って「ダイニングキッチン」という考え方が普及し始めた。２ＤＫや３ＤＫなどの共同住宅が憧れの的になり、これこそが「新しい生活スタイルだ」と広がっていった。この時期に、布団を上げて、ちゃぶ台と座布団を並べるというスタイルから、テーブルと椅子が備え付けられたダイニングセットが食事の場になった。これが、椅子が生活に入り込み、畳に座るよりも優位になった大きなターニングポイントだったのだろう。

　しかし、これによって失われたものも多い。物理的な大きさとして椅子やテーブルがあると、普段そうそう動かさないので、それらが置かれた室内のフレキシビリティはなくなる。多目的に何層にも使えていた部屋が、寝室や食事をする部屋といった限定した一つの目的のためにしか使えなくなる。その結果、「町家は狭い」という結論になり、椅子を使うと目線も高くなるので、「今までの天井高では低い」と感じられてしまう。また、椅子や机の脚を直接畳に置こうとすると、家具を置くには畳が柔らかすぎるので、床は板敷などに変えられていくことになる。そして板敷になると、そこに正座することはさらに苦痛になってできなくなる。「畳に正座」という生活の中で培われた動作、挨拶《あいさつ》の作法や茶道などの文化を醸成していた土台が失われることになる。

　また、家に接客空間がなくなり、他人の目に晒されることがなくなってくると、全体の方向としては、自分たちがだらしなく生活できるような方向に変わってしま

◇西山夘三（にしやまうぞう　１９１１〜１９９４）
建築家、建築学者、都市計画家など。大阪生まれ。住まいやまちづくりの科学的実践研究の先駆者といわれる。

う。すると、それまであった清浄感、整った空間がなくなってしまう。さらにそれらは、家を形作る素材もできるだけメンテナンスフリーの方向にするような力として働くことになる。すなわち、土壁は石膏ボードの上にビニールクロスを貼ったものに、無垢《むく》の木の床材や天井材は接着剤で貼り合わせたものに、木と紙を使った建具《たてぐ》は高分子材によって作られたものに変わっていき、本来持っていた湿度を調整する機能、空気を清浄にする機能、微生物の働きにより人間が健康に生活できるようにする機能、音の刺激を和らげる機能、光を拡散したり調整する機能など、もろもろの機能が失われてしまう。そして、そんな空間では人間はうまく住めないので、失われた機能を補う機械の導入が必要になってくる。

エアコンが庭を追い出した

エアコンもそのような機能を補う機械の一つである。エアコン自体はもともとアメリカの繊維工場内の「湿度」を保つための仕組みが始まりといわれている。コンピューターが大型化してくると、発熱によって周囲の温度が上がりすぎるのを防ぎ、効率良く動かすためにも周囲の空気を冷やす必要があり、エアコンが使われていた。家庭用にルームエアコンが使われ出したのは昭和49年（1974）頃からだといわれているが、瞬く間に普及し、さまざまな付加機能も増えて昭和60年（1985）には普及率は50パーセントを超え、現在では平均して一世帯に3台が設置されているそうだ。エアコンを使う時は、窓を閉め切って外部の空気を遮断してしまう。その方がエアコンの効率がいいからだが、これで簡単に、今まで恩恵を受けていた庭からの涼しい風は絶たれてしまった。庭からの自然の風は、一定の温度で一定の方向から一定の強さで吹いてくるエアコンの風に比べて、温度も方向も強さも一定ではなく、そよ風であっても強く弱くと風が息をしていることで涼しさが感じられる。それだけではなく、若葉のにおいや、花のかすかな香りなどの外部情報も運んでくれる。例えば俳句の季語をみても、「東風《こち》」、「青葉風」、「野分《のわき》」と、風に多くの名前がついている。それぞれ風土に根差したニュアンスが含まれていることからも、昔から日本人は風からさまざまな「自然のもたらすもの」を感じ取っていたのだろう。これを、窓を密閉することでシャットアウトしてしまうのは、いかにももったいない。

新しい建築基準法のもと、新しい考え方で作られた家がどんどん建てられ、炊事にしろ洗濯にしろ、トイレ、風呂、照明、情報機器などが更新されて便利になり、家の中の冷暖房にエアコンが登場して、日に日に新製品が売り出されると、人々はそれらに目を奪われ、半ば無意識に取り入れていくようになった。そうなると、町家は単に古くて汚くて、夏は暑くて冬は寒い、時代遅れの建物になり、見捨てられるようになっていく。そしてそれを後押しするように、法律はますます耐震を強化し、家全体を断熱材で覆って内部の空調の効率を上げる家を要求するようになり、「新しい考え方の家に全部が更新されるのが理想」とみなされるようになった。そこでは町家は完全に劣等生である。

それでも、現在までの非常に激しい社会の変化、生活の変化にも対応して、今も使い続けられている町家がある。そこには、生活を取り巻く環境がさまざまに変化しても、全部を取り入れるのではなく、慎重に取捨選択して取り入れる暮らしがあり、

今までのひと手間かけるやり方の楽しさや良さを残しながらの生活がある。取り立てて不便とも不快とも感じられない。そればかりか、日々の暮らしの中にある光と影の美しさ、簡素で落ち着いた室内などに、現代風の新しい家では持ち得ない安らぎを感じられる、そんな生活だ。そして、それらを体感している町家の住人から、「時代遅れなどと評価されるのは心外だ」、「今のままで十分に快適に暮らしているのに、不便な暮らしと言われたくない」、「逆に、今流行りの生活で起きている問題を解決するのは、町家の生活ではないか」などの声が上がり始め、やっと1990年頃から古くからある住宅の再評価が行われるようになってきた。徐々に再生の方法も確立し、一定の評価を得るようにもなってきた。また、全国の町家や歴史ある町並みを残そうとする人たちの交流も盛んに行われるようになってきた。

しかし、令和4年（2022）現在、京都市で年間700〜800戸、1日単位で考えると2戸程が取り壊されているといわれているように、町家は今もどんどん減りつつある。

民家と町家・長屋

建築基準法の施行される以前からある木造の住宅に、「民家」と呼ばれるものがある。民家とは、その地域の自然環境の中で手に入れやすい材料で建てられ、生活しやすく安全であるように改良されながら作られ続けてきた住宅である。町家が平城京や平安京のように、政治的意図で計画された区画に連続して作られたのに対し、民家は自然発生的に道路に沿ってまばらに作られてきた。また、町家の特徴としては道路からすぐに建物が建っているが、民家の場合、多くは道路との関係は緩く、道路境界線から離れて家が建っている。農家として残っているものなどがこれにあたる。

一方、京都以外でも、民家が何らかの理由で道路に対してすぐに建っていて、連続した町並みを作っているものがあり、これらは現在、町家と呼ばれている。それは街道筋に作られた町家だったり、城下町に今も残る町並みだったり、お寺を中心とする門前町だったりするが、いずれも起源は人の往来が盛んになる室町時代以降になるだろう。街道筋の例としては、中山道《なかせんどう》木曽路《きそじ》の妻籠《つまご》・奈良井《ならい》、城下町としては京都をモデルに作られた高山、門前町からスタートした金沢などが挙げられる。

また「長屋」と呼ばれる連棟木造住宅も各地に残っている。京都

中山道の宿場町として栄えた妻籠宿町家。町並み保存の先駆的な活動でも知られている。「住みながらの保存」や「一つの家に一つのなりわい」などのルールが決められた。

の場合、表の道路に面した町家の通りニワを抜けた裏の空間に、連続して小規模な長屋が作られることが多かった。もともとは表の町家で営んでいる商売の従業員や職人たちの住む場所であり、構造としての特徴は、隣家との隔壁《かくへき》を共有していること、屋根が連続していることだろう。内部はそれぞれに土間があり、部屋がある。直接道路に面してはいないことも多く、その成立経緯も二次的なものなので厳密には町家とはいえないのかもしれない。しかし、現実には構造の基本は町家と同じであり、その中で営まれる生活文化も町家のそれと同等であるので、町家の範疇に入れてもいいように思う。ちなみに、京都の不動産流通の中では、これらの戦前の長屋も町家と呼ばれて流通していることが多い。

400年前、京都をモデルに町が作られた高山宿町家。建物は、二階の格子は細かい連子格子だが、一階の格子は縦横に粗く組んだ格子で、その中に簾を掛ける。

第2章

「木・土・紙・石」から作られた住まい

～先人の叡智と技術が結集した建築空間～

—町家の構造—

では、建築の視点から「町家とはどんな建物か」と問われた時に、どのように答えられるだろうか。建物としての町家の特徴についてはさまざまな方面からのアプローチがあるが、「町家の構造」、「町家のパターンと空間」、「町家を形作っている素材」の三つの項目について、京都の町家を中心に概観してみたい。

はじめに、町家の構造の特徴はどのようなところにあるのかを、現在使われている構造（在来軸組工法）と比較してみていくこととする。

在来軸組工法

現在、一般的に使われている「在来軸組工法」は、日本に従来からあった構法を構造力学の考えに合うように改変した工法であり、基本的には「三角形を作って地震の水平力に対抗する」というものである。そのため、柱と柱の間に筋交いを入れ、床がしっかりするように火打ち梁を入れて三角形を作り、木と木を組み合わせる部分は金物で補強し、土台はコンクリートの連続

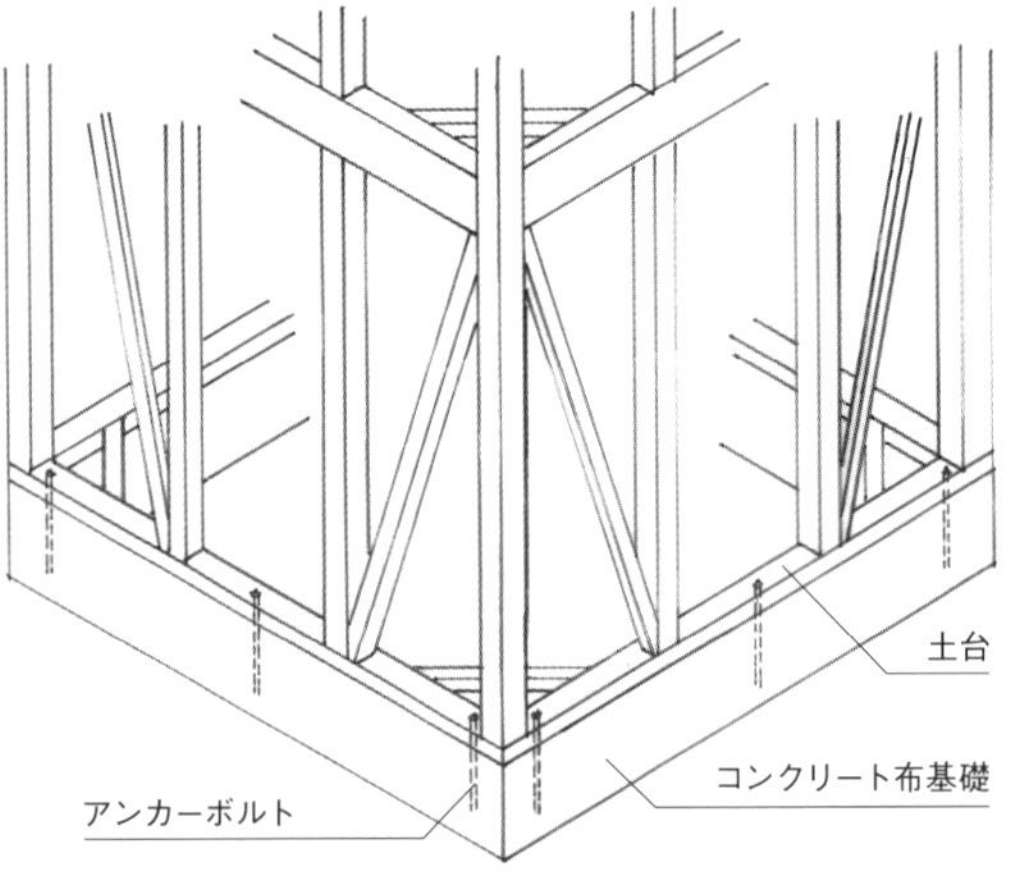

在来軸組工法。コンクリートの布基礎にアンカーボルトで土台を固定し、上の構造体と基礎が一体となる。

◇構造力学（こうぞうりきがく）
建築物や機械などの構造物に力が作用する時の、各部に生じる応力、変形、強さなどを解析する学問。

◇筋交い（すじかい）
建築物の骨組みの間に斜めに入れる材。風や地震などによる変形を防ぐために用いる。

◇火打ち梁（ひうちばり）
ひずみを防ぐために、水平面上で直行する部材の隅に斜めに渡す補強材のこと。

布基礎に緊結《きんけつ》するように作る。また、それまでの土塗壁に代わって、合板貼りやボード貼りで対応する。

伝統木造構法

では、町家に見られる「伝統木造構法」は、在来軸組工法と何が違うのか。まず、同じ「こうほう」なのだが、文字が違う。在来軸組「工法」は、工学にのっとったやり方（法）であり、一方の伝統木造「構法」は、木の組み立て方の構えのやり方（法）である。

伝統木造構法では、柱と屋根を支える「母屋」という水平材で鳥居の形を作り、それが屋根勾配《こうばい》に合わせて道路側から奥に順々に高くなり、一番高い棟までくると、今度は低くなっていくという形をとり、その柱と柱の間を貫や梁という水平材が縫っていることで建物ができている。当然、垂直の柱と水平の梁の間には斜めの材は使わずに、壁面には貫を入れ、竹小舞（これも縦横に編まれている）で下地を作る。そして、ひとつ石などの基礎の石の上に柱をトンと載せているだけで、柱を基礎に固定していないところが、在来軸組工法と大きく違う点だ。

全体では柱梁《はしらはり》を木と木同士を組み合わせて固め、主に部材の曲げに対抗する力で持たせ、さらに大きな力がかかった時は、木の「めり込み」によって力を逃がすようにしている。クサビや車知、栓で固めているので、地震力や強い風などの外力が加わったり、年月を経て木がやせてきたりしても、それらを打ち直すことで耐力は戻る。また、石の上に乗った柱と、木と木の組み合わせで構成されているので、構

◇布基礎（ぬのきそ）
壁や柱の下に連続して設ける、低い壁状の基礎のこと。

◇貫（ぬき）
柱と柱の間を横に貫いてつなぐ部材。その位置によって地貫や腰貫、内法貫などという。

◇竹小舞（たけこまい）
土壁の下地として細く割った竹を、水平・垂直に編んで藁縄（わらなわ）で縛ったもの。この作業のことを「竹小舞を編む」や「小舞を掻く」などという。

◇ひとつ石（ひとついし）
柱の下に据えられる礎石のこと。柱ごとに別々に、一つずつ据えられる。

造材の部分入れ替えもできる。

壁については、竹小舞下地に土を塗り込むことで、土が小舞の隙間に食いついて一体化する。特に縦方向の小舞に塗り込まれた土が、地震時の水平力に対して耐力を発揮することが分かっている。また、荒壁を塗ったあと、十分乾燥収縮させてから中塗りをすると、中塗りの土が荒壁表面の乾燥収縮の亀裂に入り込み、壁が一体化する。実はこの中塗りまでの耐力で、現在の建築基準法が定める「土壁の有する耐力」の4倍はあることが、全面土壁の載荷実験の結果としても出ている（『土塗壁・面格子壁・落とし込み板壁の壁倍率に係る技術解説書　土塗壁等告示に係る技術解説書作成編集委員会編』より。現在は告示により従来の3倍の強度が認められている）。今、いろいろな面から土壁の良さが見直されてきているが、耐力の点からもその強さが再評価されつつある。

耐震機構

現代の在来軸組工法や◇パネル工法、◇2×4工法などの筋交いや、合板や金物補強

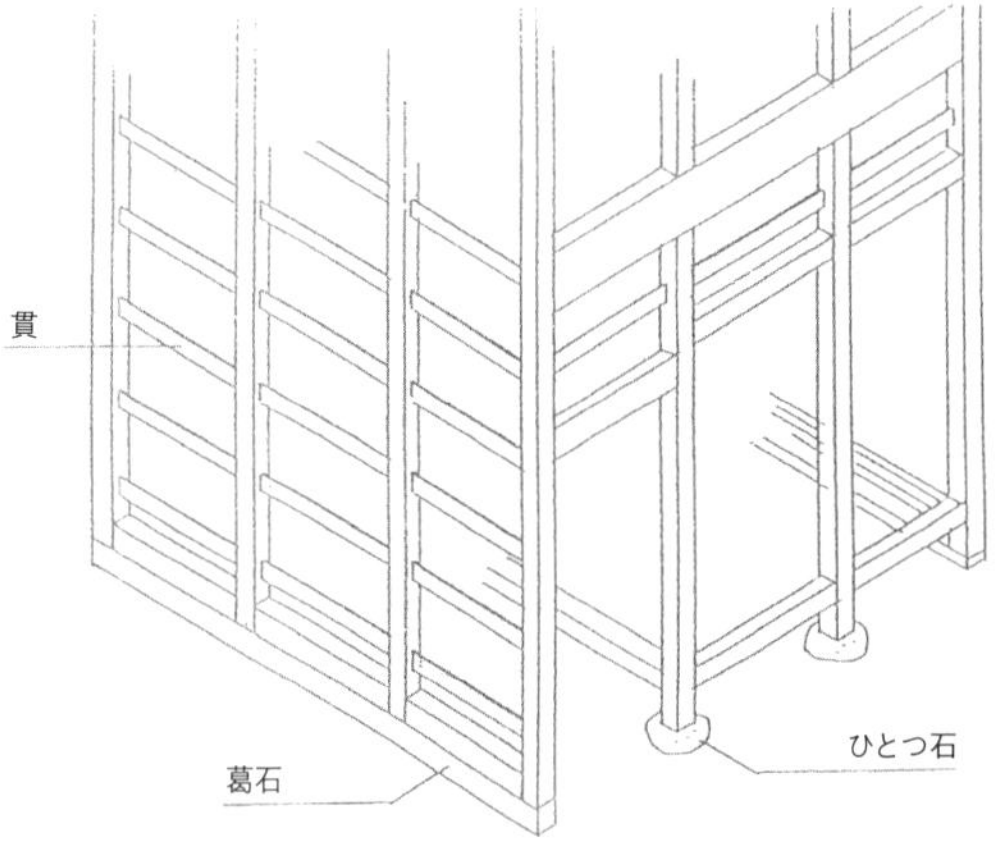

伝統木造構法。柱はひとつ石や葛石（かずらいし）の上に乗っているだけで固定されず、上の構造体も水平材、垂直材のみの組み合わせでできている。

◇クサビ（楔・くさび）
一端が厚く他端に至るにつれて薄くなるように作られた、堅い木材または金属。木や石を割る時や重い物を押し上げる時に用いる。

◇車知（しゃち）
補強のために、木材の継ぎ目に斜めもしくは直角に打ち込む細長い堅木のこと。

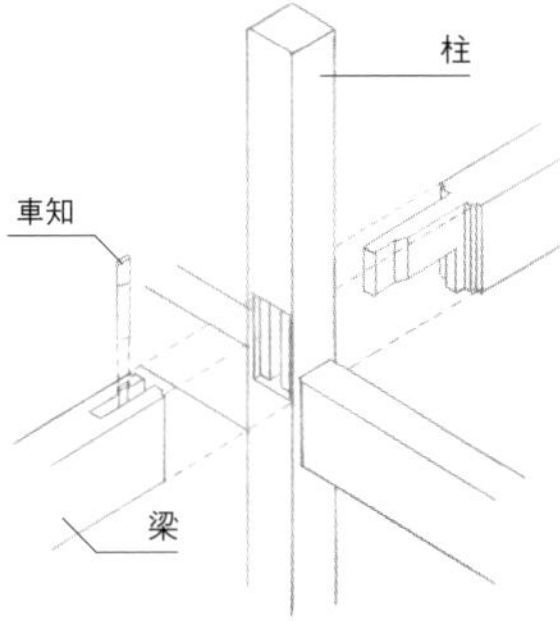

◇パネル工法（ぱねるこうほう）
工業的に生産されるパネルを使って、床、壁、天井などのユニットを工場で組み立て、それを連結することで建物を組み立てる工法。

で耐力を保証するやり方は、力には力で対抗するという形なので、設定された外力の範囲であれば変形も少なく耐えられるが、限度を超えると「一気」に壊れる。特に2×4工法◇など面でもたせようとしている工法では、予想外の力が加わっていくと面材を取り付けている釘が緩み、ズルズルと抵抗力を失っていくことになる。

伝統木造構法は先程も述べたように、斜材をもたない軸組を基礎架構として、ある程度剛性のある土壁を要所に配置し、柱は基礎の石の上に置くだけになっているが、このような構造の町家が地震に遭うとどのような動きをするか。まず、震度4程度までの地震の場合、地面に置かれた石とその上の柱との間の摩擦力（上から重量がかかっている）の方が、地震の横揺れよりも大きいので、石（地面）の動きをそのまま柱に伝える。この程度の揺れに関しては、壁に塗り固められた土の強度で揺れを押さえつける。いわゆる「耐震構造」の考え方で地震に対応する。

もう少し強い揺れ、震度5弱〜5強程度の揺れの場合は、柱は基礎石の上で動くが、基礎の石と上に乗っている柱の間で摩擦力によって力を逃がし、その上の本体もゆっさゆっさ揺れるが、その時に柱と梁、柱と敷居や鴨居◇、貫といった部材の接合部で部材のめり込みが起こり、同時に壁と柱、梁などの間に亀裂が入ることで、全体として地震の水平力を逃がす。この時、建具の障子や

※制震・免震・耐震の概念

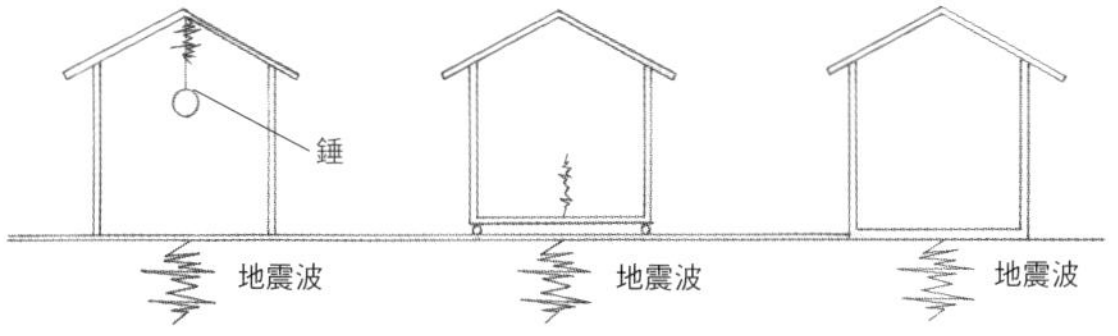

制震
地震の波を抑制するようにする。

免震
地盤と建物の間にものを入れて地震の波を建物に伝えにくくする。

耐震
地震で作用する水平力よりも建物の耐力を大きくして抵抗する。

◇2×4工法（つーばいふぉーこうほう）
枠組壁工法の一種。断面寸法が2インチ×4インチの構造材を基準として合板と組み合わせ、床、壁、天井を構成する工法。

◇鴨居（かもい）
襖（ふすま）や障子、引戸などをはめる部分の上部に渡した、溝の付いた横木。

格子の木の組み合わせの部分でもめり込みが起こり、これも地震の力を逃がす。昔から「地震で障子が外れたら外へ逃げろ」といわれているのはこのためで（P50参照）、これは力を逃がす「制震構造」の考え方にあたる。

さらに強い震度6〜6強の地震の場合、上下動の際に基礎の石から建物が飛び上がって離れる。実際には建物全体がひねりながらドンドンドンと飛ぶが、初めてこの実験を見た時は驚いた。国宝の妙喜庵◇待庵という茶室の原寸大模型を阪神・淡路大震災の振動波で揺する実験だったが、スローモーションで見ると見事にひねりながら飛んでいた。建物が地面から離れることで、それ以上地面からの振動が建物本体に伝わらないため、直接地面ごと揺すられるよりは随分楽に持ち堪えることができる。構造でいわれるところの「免震構造」の形が出現するのだ。こうした三つの違った挙動によって、「地震の力を受け流す」というのが、伝統木造構法で作られた町家の構造の特徴である。

また、兵庫県の三木市で構造計算によって補強された町家と、そのままの形で傷んだところだけを修繕した同じ大きさの同じ間取りの町家を、家ごと振動台に載せて揺する実験に立ち会ったことがある。振動台に設定する振動波は、阪神・淡路大震災の時の三宮周辺での振動波だったと記憶している。揺れ始めは、構造

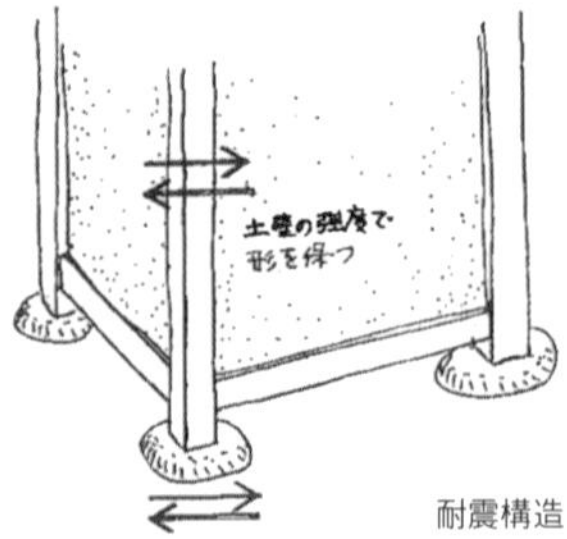

耐震構造

制震構造

◇妙喜庵（みょうきあん）
妙喜庵は京都府の大山崎町にある臨済宗の寺で、明応年間（1492〜1501）の頃に創建と伝わる。二畳の茶室待庵（たいあん）は国宝で、唯一現存する千利休作の茶室である。

補強された町家の方が振動の周波数の小さい波に反応して揺れ出し、周波数の長い波になると、そのままの構造補強されていない町家が揺れ出した。固くすると振動波の波長の短いものに同期し、柔らかめの構造では波長の長いものに同期するからだ。揺れている状態を上から見ていると、ウナギの寝床の細長い建物が、ちょうど犬がしっぽを振るような動きをしているのが見て取れた。通りニワとザシキの境の壁が、曲げの力を受けていることが分かる。通りに面した側の壁は、人見梁◇という梁成◇の大きいものが入っているので、そんなに大きな変形にはならない。その一方、壁が少ないことが多い庭側の面は変形が大きい。そして、通りニワを挟んだ両側の壁の足元は、ぐにゃぐにゃに乱雑に左右に動いている。改修の際、この部分の壁を取り払って欲しいという要望がよくある。「奥の部分を広く使いたい」や「水まわりとつなげたい」などがだいたいの理由だが、私が改修を担当する際は、最低限（ひとスパン、それも垂れ壁を残して）の開口で辛抱してもらっている。

どちらの町家も変形はしたが、最後まで倒れることはなかった。結局、ある程度柔らかい構造で変形しやすいことが、予測のつかない地震力をその都度うまく逃がし、倒壊を免れるように働くようだ。そして、最終的にはその中に空間を確保することで、人命を損なうことのないように作られているといえよう。

免震構造

◇人見梁（ひとみばり）
町家の入口の上方に架かる大きな梁を「しとみ梁」といい、これが訛ったもの。蔀戸（しとみど）をすり上げて納めるため、この称がついた。

◇梁成（はりせい）
梁の下面から上面までの高さのこと。「成（せい）」とは上端と下端間の距離を指し、水平材に多く用いられる。

―町家のパターンと空間―

次に、町家の空間はどのように構成されているのだろう。パターンとしては、間取りや道路面から見たデザインで分類することができる。また、土間や格子窓、敷石《しきいし》といった、町家らしい空間や意匠などについても見ていくこととする。

間取りから見たパターン

現在、町家は小規模なものから大規模なものまであるが、平面で見るといくつかのパターンに分けられる。

・一列二室型

平安期の町家の起源から辿っていくと、まずでき上がったのが、通りニワを持つ二室の住居であったと思われる。表の道路側は「職」に、奥のスペースは「住」に機能を使い分けていた最小限の空間である。

・一列三室型

近世に入り、通りニワに沿って表からミセ、ダイドコ、ザシキの三室を一列に配したものがたくさん出てくる。これは一列三室型といわれるもので、町家の基本パターンとなる。

平安時代、町家が出現した頃から明治期までに出現した町家の間取りパターン。どれも通りニワに沿って部屋が並ぶ。

◇**通りニワ**
入口から奥まで続く通路。

◇**ミセ**
商売の場であり、商売上の客が出入りする。

◇**ゲンカン**
建物の入口になる空間。内と外との接点になる。

◇**ダイドコ**
居住兼食事の場で、今でいうDKである。

◇**ザシキ**
正式な接客空間として、床の間、違い棚、書院をもつ。仏壇もザシキに置かれる。

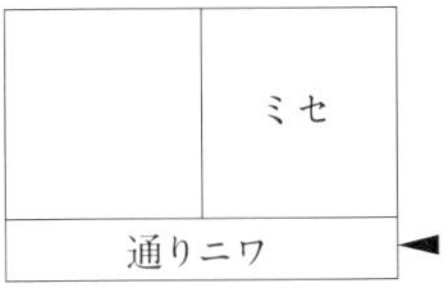

一列二室型

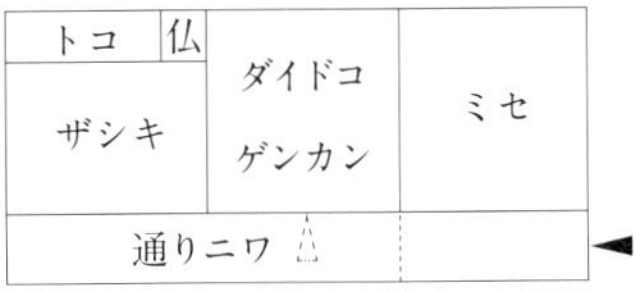

一列三室型

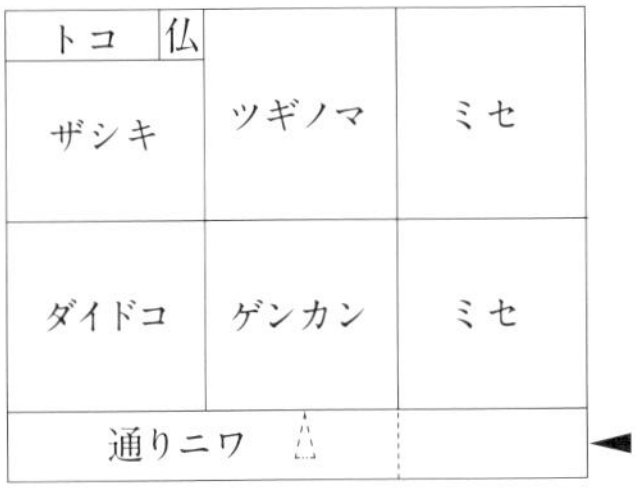

二列三室型

一列四室型

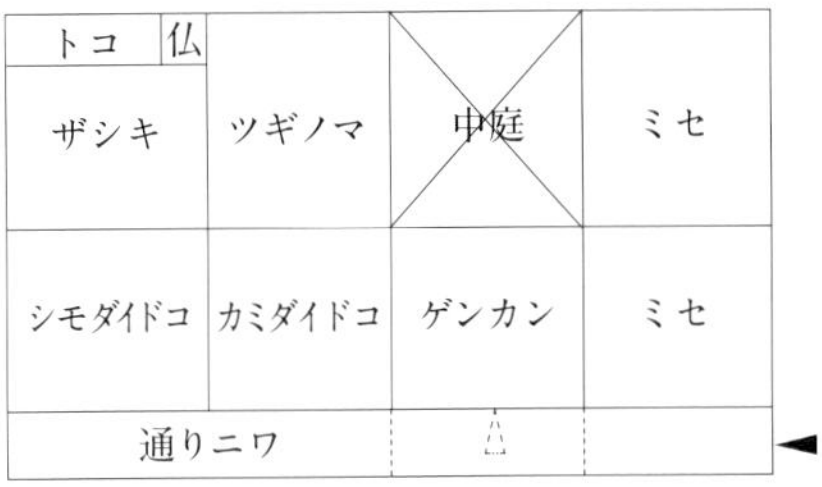

表屋造

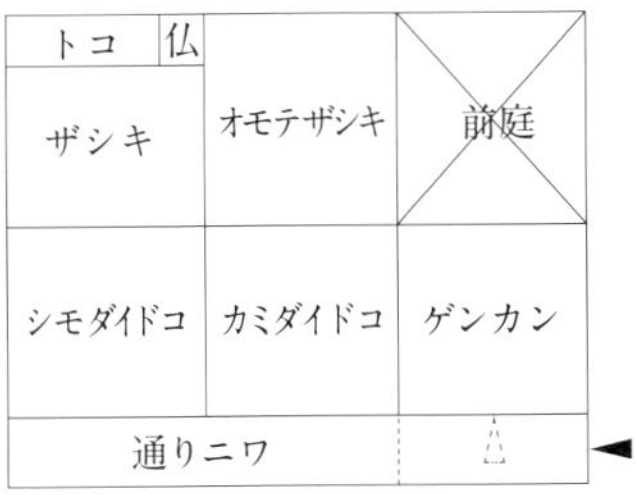

大塀造

・一列四室型

一列三室型が奥にのびた形。ダイドコ部分に含まれていたゲンカンの機能が分かれ、表からミセ、ゲンカン、ダイドコ、ザシキと並ぶことになる。正式の接客空間であるザシキまでの動線がダイドコというプライベイトスペースを通ることになるので、工夫が必要になる。ザシキは接客空間として純化され、仏壇はダイドコのスペースに置かれることもある。

・二列三室型

一列三室型が間口方向へ広がった形。表に面する二室はミセとしてそのまま使われるが、通りニワ側はゲンカン、ダイドコになり、奥の二室はツギノマ（ナカノマ）、ザシキとなることが多く、それぞれの機能が分化していく。

・表《おもて》屋《や》造《づくり》

一列三室型が奥行き方向へも間口方向へも広がった形で、真ん中あたりに通風も採光も悪い部屋ができる。そのため中庭を作り、通風と採光をはかった。その結果、表のミセと奥の住居棟を平屋のゲンカンでつなぐ形の表屋造ができた。この形になると、はっきりと商いの場と居住の場が分かれることになる。

・大塀《だいべい》造《づくり》

道路に面して高塀を建てて、建物が奥に入った形。これには二つのタイプがあり、一つは表よりの部屋をオモテザシキ（または応接間）とし、その奥または横にゲンカンを配して後方に居住棟を建てるタイプで、もう一つは高塀との間に部屋がなく、オープンスペースになっており、門からゲンカンへのアプローチとオモテザシキに面した庭があるタイプだ。これらは、それまでのミセがその家の生業の場であったが、文筆業、学者、医者などではミセが不要になり、高塀とオモテザシキ、高塀とオープンスペースに変形したものである。その奥の空間構成はほかの町家と何ら変わらない。

道路面のデザインパターン

通りに面したファサードでも、いくつかのパターンに分けられ、外観を見るだけでだいたいの成立年代も推測できる。

・平屋《ひらや》

小型の町家や長屋などに見られ、成立が古い年代のものが多い。町家全般に見られることだが、入口は間口の東側または南側にある。ここから奥の前栽まで通りニワがまっすぐに作られている。ミセの道路面は平格子で構成されていることが多い。

・厨子《つし》二階《にかい》

主に明治期に建てられた町家に見られる。平入二階建てだが、道路に面した二階の高さは人が普通に立って歩けないほど低く、半二階というべき高さである。二階の

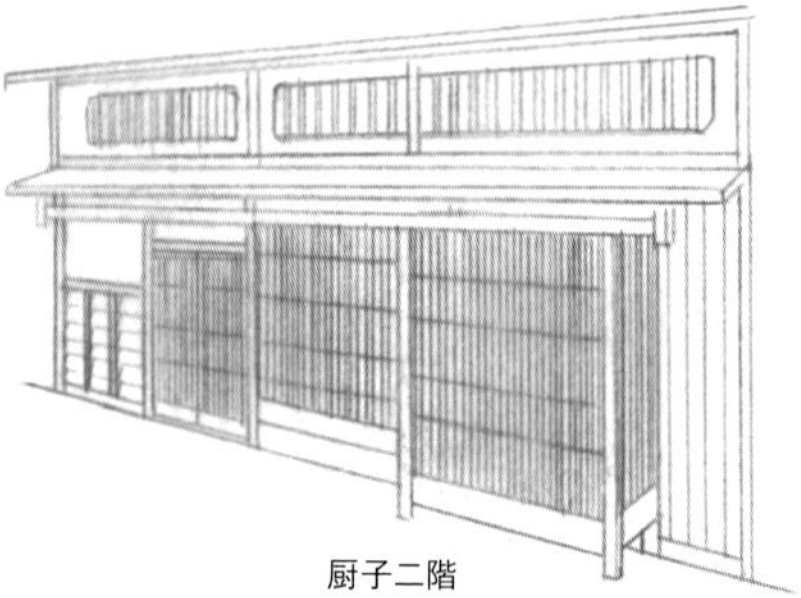

厨子二階

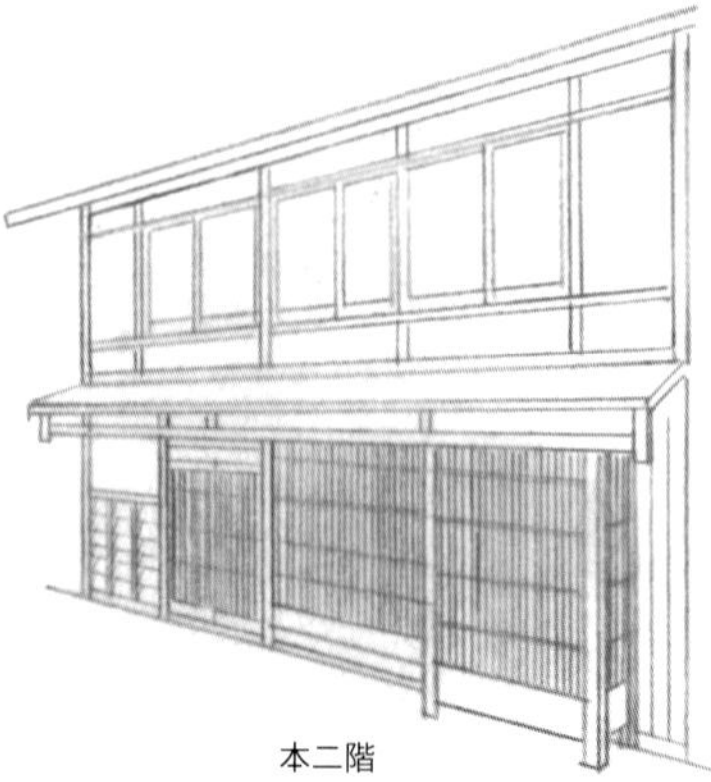

本二階

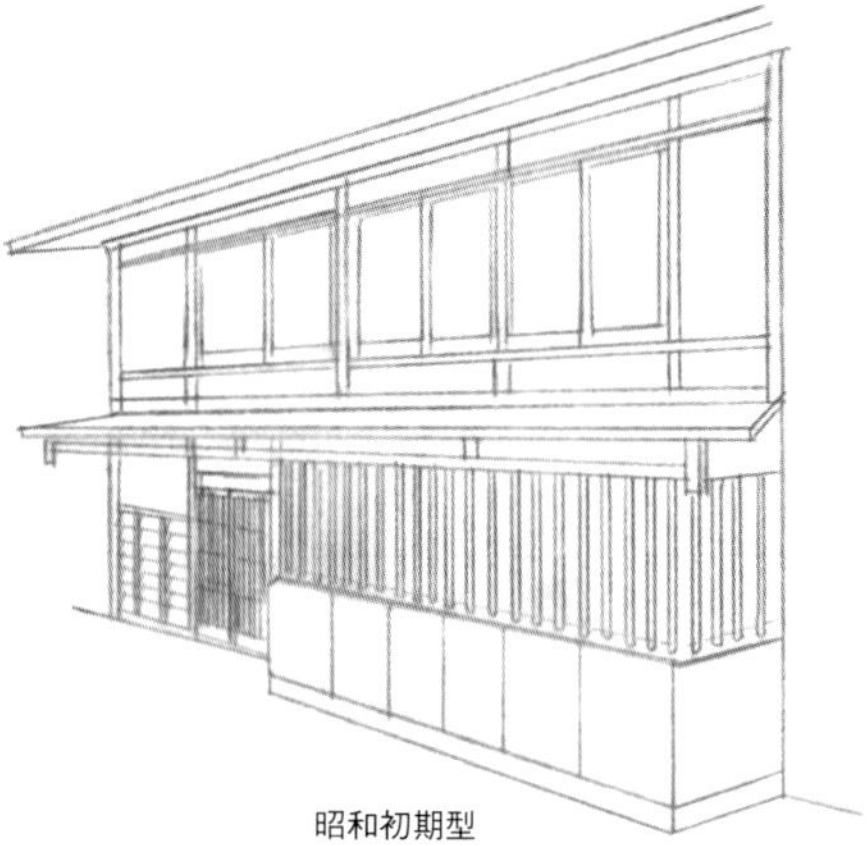

昭和初期型

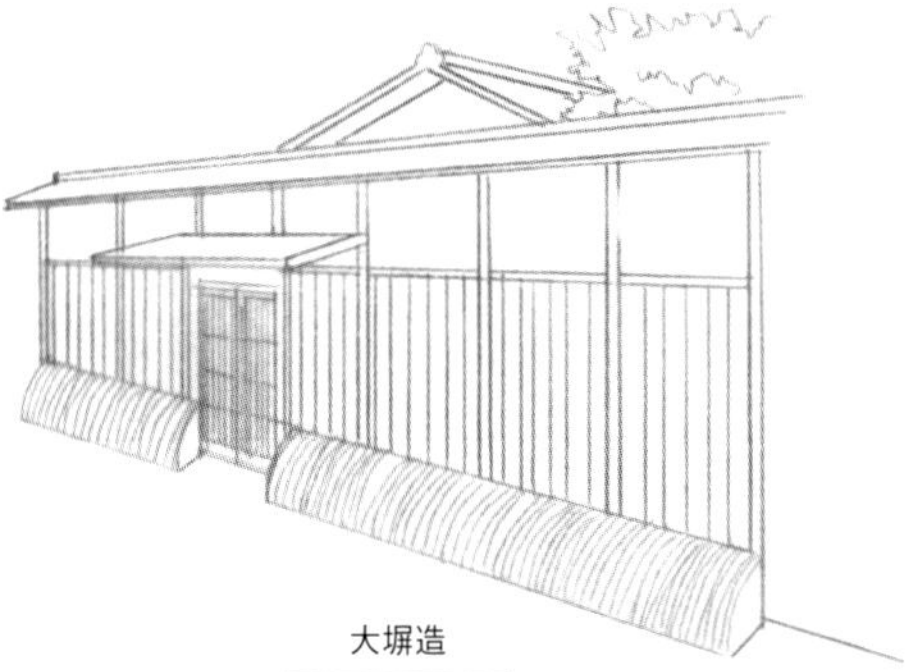

大塀造

さまざまな町家のファサード。時代によって高さも表情も変遷していくが、共通項を持つ数パターンに集約される。道路に面する部分だけを後に改変したファサードは、「看板建築」と呼ばれる。

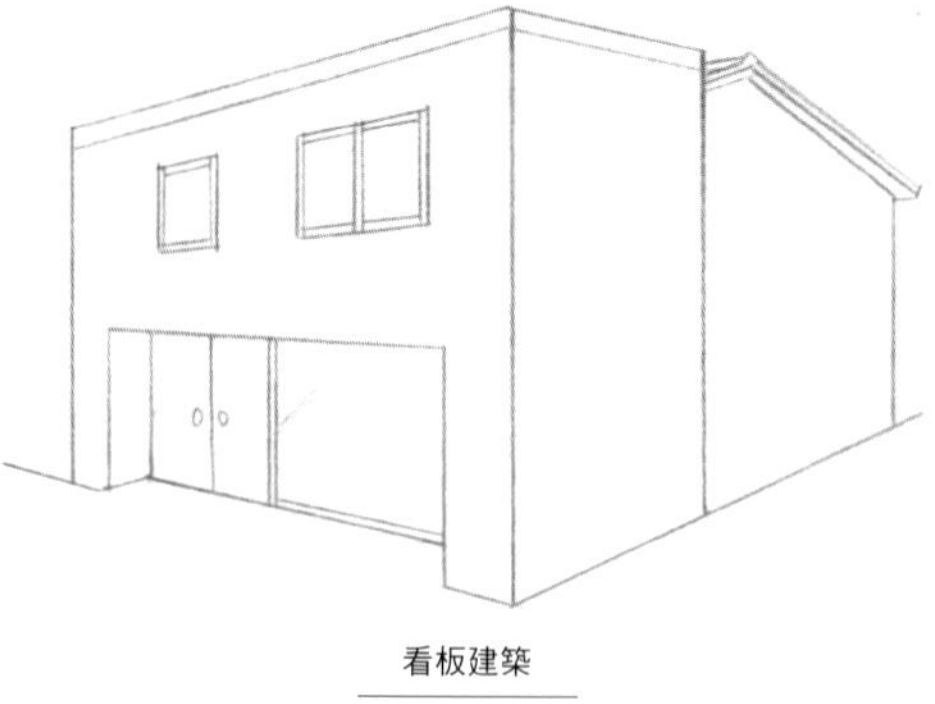

看板建築

表に面しては塗籠の虫籠窓が備わる。下のミセの道路面にはさまざまなデザインの格子（商売の内容によってデザインが変わる）が作られることが多い。一階と厨子二階の間には下屋根が設けられ、先端は一文字瓦で葺かれており道路面の表情を引き締めている。

・本二階《ほんにかい》

二階の部屋の天井の高さが一階と同じ程度あり、大正期以降の町家に多い。大屋根の軒先の出が厨子二階よりも大きく（二階の壁面に雨が当たるのを防ぐため）、そのために柱上部にところどころ腕木◇を出して、その先端に屋根を受ける桁を設ける加敷造◇という形をとる。

・昭和初期型

ミセの道路面に腰壁が作られ、その上の窓にはパイプの連子が付けられる。昭和期に入ってから見られる特徴的な形である。この頃になると、商売の場所にも椅子、机が導入され、机の面の高さの光があれば良くなったことと、下屋根の雨が落ちる位置から内側が建物の敷地となったことから、出格子の下部分を腰壁に変えたのだと思われる。

・郊外型

昭和に入ってからサラリーマンという働き方が出てきたため、ミセを必要としな

◇腕木（うでぎ）
屋根などの重みを支えるため、一端を柱や梁などに取り付けて横に突き出した材。

◇加敷造（かしきづくり）
京町家において、軒の出を大きくするために、腕木で垂木を受けるための出桁を受けた軒組。

い居住専用の住宅が、それまでの市街地の外側にできるようになる。これらは道路に面して塀とつながった入口があり、そこから家のゲンカンまでに空間を持っており、家自体は道路から奥に入って建てられている。建物は奥に建てられているが、その構造は町なかの町家と同じ構造であり、土間部分で炊事を行い、本体の建物から離れてトイレがある。ただ、敷地の形状はさまざまで、そのため内部の間取りは必ずしも通りニワに沿って作られているわけではない。

特徴的な空間と意匠

電気も水道もガスもなかった時代にルーツのある町家は、住まいとしての性能を確保するために、今の住宅にはないさまざまな要素を持っていて、それが町家としての特徴にもなっている。

・土間《どま》（通りニワ）

ゲンカンから奥の庭まで、家の中を貫いている路。「通りニワ」とも呼ばれる。古くから土とにがりと石灰を混ぜて叩き締めた三和土◇が用いられることが多いが、中には平らな石を敷き詰めることもある。また、ミセとダイドコの境の中戸で「ミセニワ」と「走りニワ」とに分けられる（「ニワ」とは敷地内の床組みがされていないところ）。土足のまま家の奥まで行けるほか、水を使う台所仕事や作業場としても使い勝手がいい。

◇三和土（たたき）
土やコンクリートを入れて仕上げた、土間の床のこと。本来は石灰や砂利などににがりを混ぜ水で練ったものを、土間に塗って叩き固めたものをいう。

・火袋《ひぶくろ》

通りニワの中の火を扱うところの上部で、吹き抜けになっている部分。万が一火が燃え上がっても、この部分に袋のように溜まることで、他の場所への延焼を防ぐ。

・縁側《えんがわ》

家の内と外をつなぐ場所。風が通り、季節を運んでくれる。古くはザシキの外側にある板敷きを縁と呼んだが、近代になり、庭との境に建具を入れるようになった。今は建物に付け足す形の板敷きを「濡れ縁」、建物内の外部に面する板敷き（畳敷きのものもある）を一般的に「縁側」と呼ぶ。

・床の間《とこのま》

花を生けるなど自然を取り込んだり、掛け軸や飾る器などを通して季節を感じられる場所。「上に抜けている」という意識があるため、天とつながる空間ともいえる。

・坪庭《つぼにわ》

町家特有の細長い敷地内に取り込まれた、小さな自然。「中庭」とも。明かりもとり、奥の庭との風の道を作る。

・格子《こうし》窓《まど》

外側に一定の太さの格子を規則的な間隔で取り付けた窓。内側からは外の様子は分かるが、外からは中が見えにくい。出格子が外壁面から飛び出しているのに対し、平格子は外壁面に沿って設けられている。商いによってデザインが変わり、糸屋格子、米屋格子、酒屋格子、麩《ふ》屋《や》格子、炭屋格子などがある。

・虫《むし》籠《こ》窓《まど》

もともとは虫籠のような細い格子だったが、防火・防犯のため太い塗籠の格子になった窓。厨子二階の道路側二階部分にある。

・鐘馗《しょうき》さん

家の中に厄災などが入ってこないようにする「専守防衛」のシンボル。入口近くの屋根瓦の上に設置されている。多くは瓦と同じ素材でできている。

内部空間の機能を示す要素

京町家は道路から奥へ貫く通りニワを軸として、性格の違ういろいろな部屋がそれに沿って並んでいる。大きくは道路から奥へ行くに従って、パブリックな空間からプライベイトな空間になっていくが、道路面にあるたった一つの入口からさまざまな人が出入りしても、それぞれに必要な場所へ問題なく行けるように、さりげないサインや仕掛けが作られている。

・大戸・くぐり戸

町家の入口は、基本的には一か所しかない。ここから家の人も従業員も、お客さんも御用聞きも、すべて出入りする。商売をしている家では、店を閉じたあと家の者が出入りするのに、小さなくぐり戸を備えた戸が付けられている。くぐり戸は幅は大戸の半分、高さは背中をかがめないと通れないぐらい低い。全体の大戸の開け閉めの仕方もいろいろあって、大戸全体を引き戸にしたもの、開き戸形式のもの、大戸全体を上にスライドさせて上げてしまうもの、大戸全体を内側へ跳ね上げるものなどがある。また、大戸全体を引き戸にして引き込んだあと、下の敷居が外れるようになっているものもある。これは、道路から直接、大八車を中へ持ち込む時に、敷居が邪魔にならないように工夫されたものである。

・のれん

入口の前、道路に面してのれんを掛けることが多い。これは、「ただいま営業中」という徴《しるし》であるとともに、屋号や商売の内容を通る人に示す役割がある。いわば人を呼び込むための装置といっていい。こののれんが外され、大戸が閉められていれば、営業終了ということになる。

・敷石《しきいし》

入口から土間を通ってミセを過ぎると、内玄関との境の足元に敷石がある。これは重要な徴の一つで、商売上の取引先の丁稚たちは、この敷石で足が止まるようになっている。ここを越えられるのは、家の人、御用聞きなど家に用事のある人、店ではなく家のお客、それと年に1回、年末の集金の時に取引先の番頭が越えることができる。店に来るお客も越えられない。もしも丁稚が知らずに越えてしまうことがあった場合、「行儀の知らん丁稚さんや、あの店は行儀も教えてないのか」ということになり、取引停止につながったこともあったらしい。商売上の付き合いの人たちには、それほど重要な徴であった。

・縄のれん

通りニワを内玄関まで入ると、それより奥へ行く入口に、のれん（縄のれん）が掛けられていることがある。こののれんは、入口ののれんと違って「入ってはいけない」という徴である。これから先はプライベイトゾーンですから立ち入りはご遠慮くださいということだ。現代住宅でいえば「勝手口」の役割を果たすもので、ここをくぐれるのは、家の人、御用聞き、出入りの大工、肥《こ》え汲みの人、店の使用人だけである。

・よめかくし

走りニワに入ると、カミダイドコとシモダイドコの間あたりに小さな木製の袖壁◇のようなものがある。これを通称「よめかくし」といって、御用聞きの人は、これより中に入れない。この部分は炊事の場所で、全くのプライベイトゾーンなのだが、御用聞きなど外の人が入ってきた時に、応対に出る人が袖壁の陰で身繕いができるような、ちょっとしたスペースを作り出している。

◇袖壁（そでかべ）
門や出入口などに設けられる、建物から外部へ突き出した幅の狭い壁。目隠しや防火、防音などのために用いる。

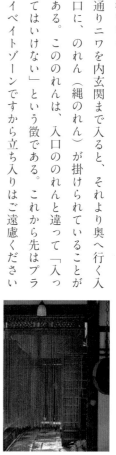

・跳ね上げ式階段

表屋造ではミセの二階が使用人の寝る場所になっている。彼らは天井の低い厨子二階の、仕切りも何もないスペースで寝泊まりしていた。そこへ上がる階段は当然ミセのスペースのどこかになるわけで、昼間の商売には邪魔になる。したがって昼間は跳ね上げておいて、夜には下ろして使用するという方法が考えられた。跳ね上げ式でなく、取り外しができるようになっていることもある。また、奥の住居ゾーンの階段については、押し入れ襖を開けた中にあったり、シモダイドコの端に目立たないように付けられていたりと、箱階段以外はとにかく人目につかないように収められていた。

・火の見やぐら

大屋根の上に火の見やぐらが設置されていることがある。ここに上がる通路も家の人しか分からないような仕掛けになっている。私が見た例では、江戸時代の町家だったが、二階のナカノマの押し入れを開けて中段に上がると、押し入れの天井がスライドして開けられるようになっており、その上に数段の階段が組まれていて、それを上がると大屋根の上に出られるようになっていた。近くで火事があった時、この火の見やぐらから、お得意さんは大丈夫だろうかと見渡したようだ。

打ち水の効果

直接の要素というのではないが、町家を作っている要素に水と光と風がある。そもそも私たちを取り巻く環境には、固体と液体と気体と電磁波があって、固体の代表が土、液体の代表が水、気体の代表が空気、すなわち風、電磁波の代表が光と置き換えると分かりやすい。

水というのは、どこにでもある何でもないもののように見えるが、実は非常に特異な物質で、いろいろ特徴的な性質を持っている。その一つに「気化熱」がある。水の気化熱は非常に大きく、25度の水を25度の水蒸気にする時に必要な熱（気化熱）は、0度の水を100度の熱湯にするのに必要な熱量の5倍以上になる。夏の暑い盛りに中庭か奥の庭のどちらか、または入口の道路面に「打ち水」をし、この気化熱により地表面の温度を下げる。すると、庭と前の道路の間に微妙な気圧の差が生まれ、それが空気を揺らすことになる。空気が揺れると床下や通りニワの涼しい空気が室内に流れ込み、さらにその空気の動きを棕《しゅ》櫚《ろ》竹《ちく》の葉の揺れで見たり、風鈴の音で聞いたりして、住人は五感すべてで涼しさを感じる。

町家は庭に面して、比較的深い庇で夏の直射日光を遮《さえぎ》っているが、地面の反射光は軒裏でさらに反射してザシキに入ってくる。床の畳も土の壁も天井の杉板も、その光を柔らかく受け止める。そんな室内で反射して光っているのはというと、漆塗りの床框《とこがまち》と竹の壁止めである。全く谷崎潤一郎の『陰翳礼讃《いんえいらいさん》』の世界である。町家はしかし、陰影を礼賛してばかりではない。光は欲しいのだ。特に細長い建物の真ん中あたりは暗いので、少しでも光が欲しい。そのため、通りニワの吹き抜けに明かりとりの天窓を設け、しかも通りニワの位置は、家の南側か東側に確保して、少しでも光が中へ入り込むように工夫をしている。通りニワの吹き抜けの空間は、熱い空気を逃がす役目もする。こうしてみると、町家の構成要素として、水と光と風を落とすわけにはいかないということが改めて分かる。

―町家に使われている素材―

ではここからは、町家に使用されている素材に注目してみたい。町家は輸送、流通の発達していない時代に建てられたので、必然的に近くで手に入る自然素材の組み合わせで構成されている。それは建てられる場所の気温や湿度の変化、雨風などの気候の傾向など風土に合った素材であるため、季節の変化にも無理なく適応でき、結果として、建物が長い期間、良好な状態を保つことにも貢献していると考えられる。

【木】

木の種類

町家に使われている主な木の種類としては、第一にヒノキがある。江戸時代、ヒノキの産地では「ヒノキ一本首一丁」や「枝一本腕一本」(許可なくヒノキを一本切ったら首が飛ぶ、枝一本切っても腕が飛ぶ)といわれ、庶民には手出しができなかった。当時、ヒノキは神聖な建物や重要な建物にのみ使われた木材だったため、町人の住む家にはまず使われなかったと思われるが、明治以降になると、盛んに使われるようになる。ヒノキは強度が高い、湿気に強い、腐敗菌やシロアリに強い、まっすぐな材で木目が美しい、良い香りがする、という良いことずくめの木である。

「火の木」を名前の由来とし、古くはヒノキと堅木をすり合わせることで火を熾《おこ》していたようだ。そんな木なので、自身の中に水分が少なく、腐朽《ふきゅう》やシロアリにも強いのだろう。また、ヒノキは「だらだら」と育つため60年は経たないと出荷できないが、年輪が密で強度も高い。美しく通った木目の色つやは何とも上品で、白いのだが、まぶしくないという感じの柔らかい白さである。町家でもヒノキを使った普請といえば、一番上等の普請である。

ヒノキの次に上等なのがトガ普請である。日本のトガは、今たくさん使われている米トガとは全然違うもので、強度が高く、木目も美しく、良い材料はまっすぐ通っており、これを使った普請は高級な普請とされている。

そして、近くの山で多く採れるため、京町家でもたくさん使われているのがスギだ。普請としては手頃な価格の部類になるのだろうが、百数十年経つ江戸時代のスギの柱でも、さすがに周辺の白太《しらた》の部分は腐っているものの、中心の赤身の部分はしっかりと建物を支え続けている。スギの特徴は年輪がはっきりしていること。春にどんどん年輪が成長し、夏には太らずに上へ成長するために年輪がはっきり出ることになり、また心材（赤身）と辺材（白太）の違いもはっきり出るため、木目もはっきりとする。比較的軽い割に強度があり、約30年で成長するので早く出荷できる。シロアリにも強く、かすかに香りもある。含水率が大きいため乾燥に伴って収縮が大きく腐朽に対しては課題も多いが、水を使う場所での使用を避け、常に風が通るようにしておくことで長持ちさせることはできる。構造材以外でも、鴨居や落し掛けに使われたり、天井板を一本のスギから製材して色や木目を合わせることもある。また、北山スギは床柱として珍重されることも多い。

◇普請（ふしん）
一般に、建築や土木の工事のことをいう。

◇落し掛け（おとしがけ）
床の間や付書院（つけしょいん）の上部に架け渡す横木のこと。

マツは曲げに強く、梁などの横架材としてよく使われる。木目がきれいに出たものは、床板や上がり框に使われたりもする。皮付きの赤マツは床柱に使われるほか、内法材としては敷居に多用される。欠点としてはヤニ気が多いことだろう。植林が盛んに行われた時期があったが、マツクイムシの大量発生により人工造林は激減した。京町家に使われている赤マツは広島あたりのものが多いようだが、近年のゴルフ場の開発によってなくなってしまったと聞く。現在は国産のマツはもちろん、東南アジア方面のマツ材も供給が少なく、希少な存在になってきている。

そのほか、ヒバは水に強く、風呂などの水まわりに使われることもある。クリ材はあまり使われないが、水に強いのでナグリ仕上げにして外部に面するところに使われることもある。

木の性質と扱い

町家に使われる木は工業的に作られるものではなく、いわゆる無垢の材料を使うため、その加工や組み合わせには木の性質を熟知している必要があり、町家を扱う大工はこのあたりを心得ている人たちである。

木を輪切りにした時の断面が「木口《こぐち》」。それに対して幹の中心を通って縦に切り取った時の断面が「柾《まさ》目《め》」で、木目が平行になっている。それ以外の断面

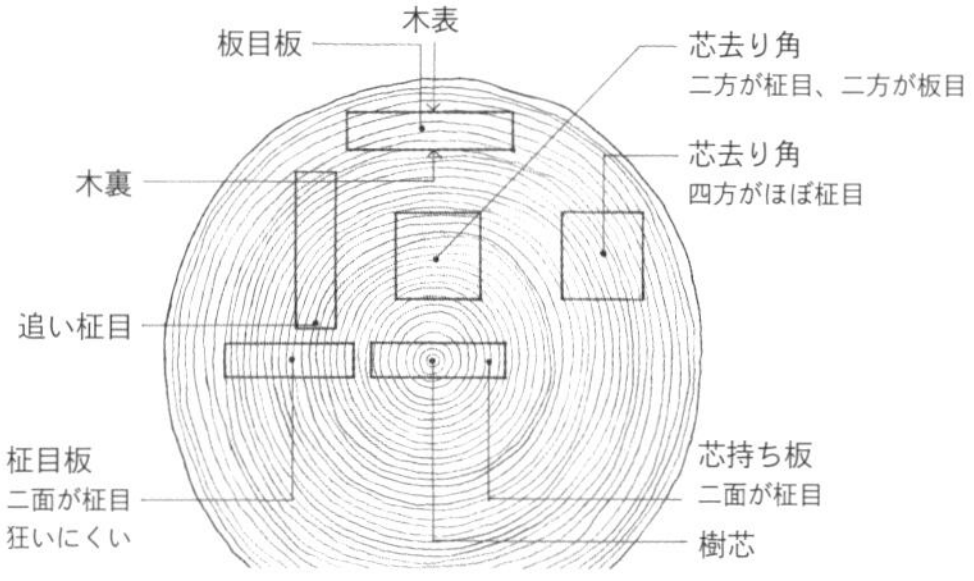

木の断面のどの部分を取るかによって、木目や性質が変わる。

◇上がり框（あがりがまち）
玄関などの家の上がり口に取り付けられた、横木や板のこと。

◇内法材（うちのりざい）
内法とは、対面する二つの部材の内側と内側の間の寸法のこと。敷居や鴨居などのように、柱に取り付けてそのまま仕上げになる部材のことを内法材という。

◇ナグリ仕上げ（なぐりしあげ）
梁や柱などに用いる技法で、木材の表面をちょうな（手斧の一種）ではつり、凹凸をつけた仕上げをいう。

は「板目《いため》」と呼ばれ、木目が平行になっておらず、上へいくほど狭くなる。横断面の木口と縦断面の表、裏でそれぞれ収縮の度合いが異なり、反ったりねじれたりする。木の樹皮側を木表《きおもて》といい、樹心側を木裏《きうら》という。板目ではどうしても木表に反るが、柾目ではそれがない。この性質があるために、敷居や鴨居は内側に木表をもってくる。これを逆にすると真ん中が徐々に内へ内へと反り、はめ込んである建具が動かなくなってしまう。また床板に使う場合は、表面に木表をもってくる。木裏を表に出すと、樹心に近い固い部分が外に飛び出すことになり、足をケガする恐れがあるためだ。よって、一枚板で床を張り、それが階下の部屋の天井にもなる場合でも、木表を上にして床を張る。

板目の材を見ればよく分かるように、木には上と下がある。上を「スエ」といい、下を「モト」という。柱の場合、モトとスエを逆に使ってはいけない。木は年とともに上に固い部分ができていて、上からの荷重に対して非常に強い構造になっているからで、梁などの横架材の継手でもモトとスエを継ぐようにし、スエがモトの上になるように継ぐのが良いとされている。

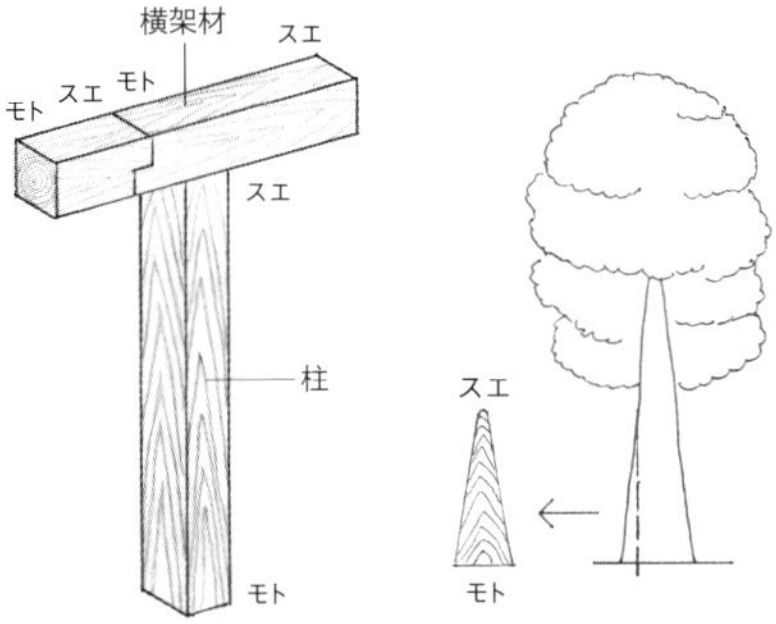

スエとモト。木は上へ上へと成長するので、モトを下にすることで上からの荷重に対して強くなる。

木の流通

京都の周りにも山はあり、木はたくさんある。聞くところによると日本の森林の木が毎年育つボリュームで、1年間の日本の木材の需要量はほぼまかなえるらしい。それなのになぜ、近年、材木屋さんの扱う製材は輸入材が70パーセントを占め、すぐ近くの木は使われず、そして山は手入れをされずに荒れ放題になっているのか。町家に関わっていると、どうしても気になってしまう。

まず一つは、流通手段の問題があるようだ。ほんの50~60年前までは、山で伐採《ばっさい》した木は、川に筏《いかだ》を組んで下流へ流していた。それが、ダムができたために筏が流せなくなったこともあり、トラック輸送に切り替わった。すると、トラックが通れる道路があるかないかで効率が極端に違ってしまうことになり、山奥の木はだんだん手入れがされなくなっていった。

次に製品の問題だ。「突板◇」という技術が発達したおかげで、材木を0・2ミリメートル厚の紙のように薄くはぎ取れるようになり、突板にできる四方無地のきれいな原盤だと高額で取引されるので、いきおい、「儲かるやつをいいとこ取りしよう」となる。そのため一番いい材料は突板にされ、それ以外が製材にまわされる。さらに、木は節のないものが良いとされ、強度や変形の度合いや乾燥の工程などより、もっぱら見栄えで価値が決められてしまうようになった。

そして、最後は時間の問題である。先述したようにスギで30年、ヒノキで60年以上経たないと製材できず、現金化できない。その間が山を持っている人には持ち堪えられない。次の世代にならないと収穫できないものを扱いながら、どうし

◇突板（つきいた）
木目の美しい材を板面に沿って削ぎ、薄板に加工したもの。また、この薄板を表面に貼った化粧板をいう。

たら毎日が暮らしていけるのか、一旦流れが途切れてしまった林業を復活させるためには課題が多い。

【土】

土の働き

人は生きているだけで、呼吸をすれば空気中の酸素を消費し、二酸化炭素を吐き出す。人間の身体を形作っている細胞や臓器も日々更新され、身体の表面の皮膚や髪の毛は古いものがはがれて抜け落ちる。そんな人間が生きていくためには、食べなくてはならない。食事を作るために調理の火を使うが、薪《まき》やガスの火を使うなら、これも酸素を消費して二酸化炭素を排出するし、炭や練炭を使えば一酸化炭素も出てしまう。人間は生きているだけで汚染源なのだ。

こういう人間を密閉した空間に閉じ込めれば、自分が出す汚染物質によって自分がやられてしまう。生きていくにはまずは空気が入れ替わること、汚染されていない新鮮な空気が供給されることが不可欠だ。外の空気が家の中に入り込めば、二酸化炭素などが拡散されて人に無害な程度にまで薄まることになるが、ただ大気は拡散するだけで、例えば二酸化炭素を酸素に変換するわけではない。水も、「水に流す」という言い方はするが、有害物質を移動させたり拡散させたりするだけで、最終処理をしてくれるわけではない。

さまざまな有機物を分解して処理してくれるのは、土壌である。そして土壌を育む森林だ。森林は昼間、二酸化炭素を吸収して酸素を吐き出す。土の上に落ちた木の葉や朽ちた木々が腐って土の中のバクテリアを育てる。そのバクテリアが汚染物質を最終処理して土に戻してくれるわけで、森に入ると空気が清浄に感じられるのは、人間の動物としての本能なのかもしれない。

その土をバクテリアが動ける状態で、藁を細かく切った「スサ」を混ぜて作ったのが土壁である。よって、土壁に囲まれた部屋というのは、家の中なのに森の中のバクテリアの働きがもたらすものと同様の清浄感を感じられる空間ということができる。そこには藁の力が働いている（P96参照）。

壁として

町家の壁は、近くで手に入る土に藁スサを入れて発酵させ、塗った土壁である。通常は間渡し竹（えつり竹）に細かく割った小舞竹《こまいたけ》を縄でとめ、その上から荒壁を塗る。荒壁用の土は粘土質の土で、古くは田んぼの土や自分の敷地を掘った土に切り藁を入れ、半年ぐらい寝かせて使う。荒壁は塗ったあとで十分乾燥させ、収縮に伴う割れを発生させてから、中塗り、仕上げ塗りへと進む。京都では、昔はこの仕上げの土も、聚楽土《じゅらくど》、九条《くじょう》、桃山《ももやま》、錆土《さびつち》、稲荷山など、京都近郊で採取される土を使用していた。

土壁の仕上げに漆喰を塗ることがあるが、漆喰とは消石灰（水酸化カルシウム）にフノリなどの糊《のり》を加え、麻や紙の繊維をスサとして入れて作ったものだ。漆喰は土壁と同様の性質を持ち、しかも表面が平滑で固いため、人の接触や風化に強い。石灰岩は貝や珊瑚の残骸の石灰質が堆積《たいせき》したもので、植物と同様に、太古の地球

◇バクテリア（bacteria）
細菌類と訳されるが、もともとは微小なもの（原核生物）を意味し、藍藻類（原核植物）も含まれる。

◇スサ（苆）
壁土に混ぜてひび割れを防ぐつなぎとする、繊維質の材料のこと。多くは、荒壁には刻んだ藁、上塗りには刻んだ麻、もしくは紙を用いる。

◇間渡し竹（まわたしたけ）
柱の間をつなぐことを「間渡し」といい、柱と柱の間に縦横に通す竹のことを間渡し竹という。竹小舞下地においては、間渡し竹を通し小舞竹を藁縄でとめることで下地を作る。えつり竹ともいう。

◇消石灰（しょうせっかい）
弱アルカリ性の白色粉末。

◇フノリ（ふのり）
海藻の一種。板状に干し固めたものを煮溶かして、洗い張り用の糊にする。

の大気にあったC（炭素）を固定して持っている。その石灰岩を焼くと生石灰（酸化カルシウム）になり、生石灰に水を加えるとブクブクと熱を出しながら反応し、クリーム状になる。これは固定されていたCが反応して二酸化炭素とエネルギーに戻った姿である。このクリーム状のものを石灰クリームといい、これを粉末にしたのが消石灰である。石灰クリームは世界中で使われていて、ヨーロッパの白い壁はこれを刷毛で塗ったものとみて間違いないだろう。またこのクリームに土を混ぜてコテで塗り、さらに磨き上げた壁を「大津壁」といい、京町家にもよく使われている。

瓦として

瓦は土をこねて瓦型に成形し、表面を叩いて締め、乾燥させて釉薬の粘土を塗り、磨いて天日干《てんぴぼ》しをしてから窯で焼いて作る。土はその土地のものを使い、昔はそれぞれの地方で焼かれていた。瓦は屋根材として何十年も紫外線を浴び、夏は目玉焼きができるほど熱くなり、冬は雪が夜には凍り付き、台風の時は数十メートルの風雨にさらされる。家の素材の中でも一番過酷な条件下に置かれるものである。その中で断熱材の役割も果たし、もちろん雨を下に漏らさないという、家の基本中の基本を忠実にこなしている。瓦屋根の連なる光景は非常に美しい。また、以前は土を置いて瓦を固定していたため屋根が重くなっていたが、現在では土を使わず引っ掛け桟瓦◇が使われるようになり、重量も軽減した。

◇引っ掛け桟瓦（ひっかけさんがわら）
裏面の上部に爪状の突起のある瓦。屋根面に打ち付けた瓦桟（かわらさん）に、突起を引っ掛けて葺く。

【藁】

藁の力

日本はいわずと知れた稲作の国である。秋に実る米は食料のもとになり、ごく最近まで物の価値の基本ともなって貨幣と同様の働きもした。そんな米を育てる母といっていいのが、藁である。藁は古来いろいろと加工されて使われてきたが、あまりにも身近にあるため、その有用性を見直されることはなかった。しかし、改めて見てみると、藁は軽量で加工がしやすく、最終処理も燃やして灰にしてさらに染料の触媒などに使え、そのまま放置してもバクテリアにより分解されて自然に還る。また藁や籾殻を適宜焼いて炭にしたものは、水の浄化にも大いに機能することが知られている。さらに、水の浄化を果たしたあとの藁炭や籾殻炭は、田畑に戻せば養分となる。こういった、さまざまな有用性がある素材である。

畳―藁の上に暮らす―

家の中で使われる藁といえば、代表的なのが「畳」の藁床《わらどこ》だろう。畳は調湿能力に優れ、衝撃吸収力があるので膝をついてもクッション性があり、長時間正座しても「しびれ」が切れない。また畳表のイグサは空気を浄化するといわれている。藁床は藁を縦横に並べ糸締めして密に作られるので、火がつきにくく燃え抜けない。万一燃えても毒ガスが出ることはない。また虫が付くこともない。欠点としては、濡れてしまうとなかなか乾かず、家を傷めてしまう原因となることだ。したがって、床下の換気に気をつけて、常に藁床が乾燥しているように留意すべきである。

藁は大切な主食である米を作る時にできる。米作りは神との共住の中で行われてきた。米は神からの恵みであり、藁はその神からの恵みとして米の生みの親であった。だから、藁はいわば神の依《よ》り代《しろ》であったといえる。したがって、畳を敷いてある空間は神を招き入れる空間であり、その周囲の空間より上（うえ・かみ）の空間で、藁床をイグサで編んだ茣蓙◇（＝御座）で包んでいる畳は、神のいる場所であった。もちろん、その上に土足で上がるなどもってのほかであり、箒《ほうき》やその他の用具も畳用は上用として区別されてきた。茶道では今でも畳の上は清浄であるとし、食卓の上と同じ扱いをする。

土壁のスサ

建物を構成する柱や梁の間に塗られる土壁（P94参照）。この土壁は、粘土質の土に、藁を切ったスサを入れて何度も鍬《くわ》で押し引きして混ぜて作る。しばらく置いておくと（できれば1年ほど）、藁の中にいるバクテリアが発酵のような働きをするため、粘り気が強くなり、色は黒くなって発酵特有のにおいがしてくる。これを荒壁土として使用するが、黒くなった土は、塗ったあとで水をかけても落ちて流れたりはしない。荒壁の中のバクテリアは、荒壁が乾いても、何年経っていても、水をかけて戻してやると働き出す。ゆえに、昔の荒壁を持ってきて混ぜ、水に戻してやると非常にいい状態になる。中塗り用の土には荒壁用よりは短いスサを入れ、中塗り仕上

◇茣蓙（ござ）
イグサの茎で編んだ敷き物に、縁（へり）を付けたもの。

げとする場合には、中塗り用の土に短いスサを加える。こうして、藁は土と一体になって建物の重要な構成部材として働き、その室内の空気を森の中のように清浄にしてくれる。

【和紙】

室内に使用される和紙の特徴

和紙は町家の中では障子紙や、襖紙として使われるほか、時には腰壁に貼ったり、その繊維の強さを利用して土壁の中に割れ止めとして入れることもある。また、和紙は虫に食われない限り、非常に長期間、紙の状態でいられる。材料は植物の楮や三椏であるが、これらは刈り取っても3年すると成長し、また材料として使うことができる。

和紙の影響

古い歴史のある和紙作りでは、楮や三椏、麻、雁皮などを何度も処理してゴミを取り除き、細かく裁断してトロロアオイとともに漉《す》いていく。古来、山は神がおわすところ、天から神が地上に降り立つ場所と考えられており、里に住む人間と神のおわす場所の中間に位置する山懐《やまふところ》で、山で採った木と山から流れてきた清らかな流れとを使って、不浄なものを浄化する力のある「紙」が作られてきた。

◇楮（こうぞ）
クワ科の落葉低木で、樹皮の繊維が和紙の原料となる。

◇三椏（みつまた）
ジンチョウゲ科の落葉低木で、樹の靭皮（じんぴ）繊維は強く和紙の原料となる。

◇雁皮（がんぴ）
ジンチョウゲ科の落葉低木で、樹皮の繊維が和紙の原料となる。

◇トロロアオイ（とろろあおい）
アオイ科の植物で、根の粘液が和紙の糊料などに使われる。

前衛美術家の赤瀬川原平さんは、「紙にはあらかじめ礼儀が漉き込んであり、人柄の柔らかさと懐の広さも漉き込まれてある」というようなことをどこかで語っておられたが、紙漉きに携わる人たちは、できる限り白くけがれのない紙を漉こうと、冷たい水の中で細かいゴミや砂粒や木の皮などをより分ける作業を長時間黙々とやる。その結果、でき上がる和紙は不思議な性質がある。閉じていても空気は通じ、光を通しながら空間は遮断する。紙一枚を垂らしただけで心理的には「別の空間ができた」という気分になる。まさに紙に「神が宿る」である。

また、和紙は空気をたくさん含んでいる（小さな動かない空気の塊がたくさんある）ので、一枚あるだけでも結構な断熱作用を発揮する。現に、私の寝起きしている部屋の欄間部分は障子紙だけで外部とつながっているが、冬の寒さも夏の暑さもこの状態でしのいできた。そういえば、町なかで出格子の内側の建具が紙を貼った障子のみで、外の空気と紙一枚でつながっているという古いままの町家があったが、そこの住人の方も端然《たんぜん》とお住まいであった。

【竹】

京都近郊には竹林が豊富にあり、古くから竹が家の中に使われている。美しく、軽量で強く、弾力性があり、繊維の伸縮がなく、加工がしやすいなどの長所があるが、反面、虫とカビと割れという三つの欠点を持っている。虫については伐採の時期が重要で、「伐《き》り旬《しゅん》」といわれる10～12月に伐れば、でんぷん質が少なく、虫の入ることはまずない。カビと割れについては、火晒《ひざら》しして油や水分を抜いて

◇赤瀬川原平（あかせがわ げんぺい 1937～2014）
美術家、作家。神奈川県生まれ。反芸術運動の前衛美術家として活動。尾辻克彦の名で小説も執筆し、『父が消えた』で芥川賞を受賞する。ほかに、『芸術原論』『老人力』など。

晒し竹にするか、煤竹《すすだけ》のように煤煙《ばいえん》処理をすれば欠点が補える。

竹は土壁の下地の小舞竹として欠かすことのできないものであるが、そのほかにも、壁の端に壁止めとして使ったり、建具の戸当たり◇や吊り棚、庭の竹垣や茶席の結界など多くの場面に用いられる。

【ベンガラ】

表の格子部分によく塗られるのがベンガラ◇である。酸化第二鉄（Fe_2O_3）を主成分とする赤い色をした粉末の顔料で、インドのベンガル地方で産したものだったため、訛ってそう呼ばれるようになったといわれている。

ベンガラは、太古の昔にシアノバクテリア◇が最初に放出した酸素と、海水の鉄イオンとが結びつき、酸化された鉄が赤錆となって海底に堆積してできた。日光、空気、熱、アルカリに安定で、純度の高いものは防錆《ぼうせい》顔料として用いられる。しかもこれで木材の表面を覆ってしまっても、木は呼吸ができる。この点がペンキなどの塗料との違いでもある。録音テープにも使われており、あの赤褐色の色がベンガラの色である。産地により色の違いがあり、また酸化加工して、黄色、茶色などの色もある。京町家の道路面の格子に塗る場合は、このベンガラに墨（松煤《しょうえん》）を加え、水（または酒）を混ぜて用いる。町なかの方が色が黒い傾向にあり、郊外に行くと赤が勝った色で塗られていることが多い。

◇戸当たり（とあたり）
ドアや引き戸が開閉する時に、所定の場所で止まるように付ける部材。

◇ベンガラ（弁柄　オランダ語：Bengala、紅殻とも表記）
着色力の強い赤色顔料で、主成分は酸化鉄（Ⅲ）。空気や日光、アルカリに安定で、塗料や研磨剤などに用いる。純度の高いものは防錆顔料としても活用。インドのベンガル地方で産出したことから称される。

◇シアノバクテリア（cyanobacteria）
藍藻。単細胞、または糸状で核膜がない。光合成を行い、地球上のあらゆる場所で生活する。

【柿渋】

柿渋は町家の床板などを保護する目的で、塗料として用いられることがある。7～9月にまだ青い渋柿（タンニン◇の多い天王柿《てんのうがき》や細長い鶴《つる》の子柿《こがき》、愛媛の愛宕《あたご》柿《がき》や奈良の法蓮坊柿《ほうれんぼうがき》）を採取し、砕いて汁を絞り、濾過《ろか》して発酵させ、殺菌してオリを除いて1～3年寝かせ、熟成させたものだ。安全性が高く、木や紙、竹、布にも塗ることができ、乾くと防虫、防水、防腐効果がある。柿渋のタンニンは分子量が15000くらいの縮合型高分子で、たんぱく質を吸着する性質があり、清酒のオリ下げに使われてきた。昔から民間薬としても重宝され、火傷、しもやけ、止血、高血圧、二日酔いに効くとされていた（柿渋タンニンの成分を多量に摂取すると、腹痛などの症状が出ることがあるそうで、市販の柿渋には「飲まないでください」とラベルに注意書きがある）。

塗った時はほとんど水のようで色もごく薄いが、1週間もすると赤みを帯びた茶色になってくる。液体の状態ではそれほどにおわないのだが、塗り広げたとたん特有の発酵臭が漂い、しばらくはにおいが残る。乾いてくると色むらが出やすく、サンドペーパーの粒が残っていたりすると黒い染みが出てくるので、きれいに拭き取ってから塗る。耐水性や付着力はそれほど良くないので、水が直接あたるところを避け、メンテナンスには年に1回程度、表面に蜜蠟◇ワックスを塗るなどがおすすめだ。

◇タンニン（単寧 tannin）
植物に由来する成分。中でも、柿渋の主成分にあたる高分子ポリフェノールは「柿タンニン」と呼ばれる。

◇蜜蠟（みつろう）
ミツバチの巣を構成する蠟（ろう）のことで、働きバチから分泌されたもの。巣を加熱圧搾するほか、湯で煮溶かすなどして採取する。つや出し材や化粧品などに利用。

チェロの音色を奏でる家

木と土壁と畳と紙という自然素材で構成されている町家は、音環境としても非常に優れている。特に高い音域がソフトに減衰して、耳にやさしい音になる。吹き抜けの土間空間での演奏は、とても響きが心地いい。もちろん町家に合うのは、電気を使って増幅したり、電子音で奏でるのではない楽器の演奏の方だ。それも古い時代から使われている楽器が特にいい。

一度、サックスのソロでフリージャズを町家の座敷で聴いたことがあるが、さすがに座敷での至近距離では強烈な音で、脳みそが揺さぶられるようだった（これはこれで面白かったが）。それよりも、バロックかそれ以前からの楽器、リュートやウード、リコーダ、フラウトトラベルソ、チェンバロ、ビオラダガンバなどであれば、間違いなくいい響きになる。ギターやフルート、日本の楽器では箏や篠笛なども、とてもいい感じで聴ける。民族楽器系では、インドの音楽、馬頭琴とホーミーも面白かった。町家の室内でいつ終わるとも知れないインド音楽が演奏されている時、中庭に出て聴いてみた時は、音が上へ上へと昇っていく感じがして非常に神秘的だった。

中でもひときわ印象深かったのは、チェロの演奏を聴いた時だった。二階の座敷が能の稽古用にヒノキ板が張られている町家で、その座敷でチェロの独奏を聴いた。曲目はバッハの『無伴奏チェロ組曲第4番』と、黛敏郎の『BUNRAKU』の演奏だった。床にチェロの音が伝わって床全体から音が響いてくる。それだけでも音の広がりが素晴らしかったが、二階の座敷で行われている演奏を直下の一階の座敷で聴いてみると、家全体が共鳴して鳴っていた。家自体が楽器になって周りの空気を震わせていたのである。まるで楽器の中で音楽を聴いているような音体験だった。町家は高い音は適度にカットし、低い響きは家全体で共鳴していることがよく分かった。

第3章

その魅力は「中間領域」にあり

～日々の暮らしに与える影響～

―町家暮らしにあるもの―

さてここからは、町家が住人に与える影響に着目し、暮らしから見えてくる町家の本質を探ってみたい。実際の町家での暮らしとはどのようなものなのか。町家で暮らすことは、人の内面や行動にどのような影響をもたらすのだろうか。

現代での町家暮らし

まずは、町なかで商売をしている、ある町家の暮らしを辿ってみたい。

町家の住人の一日は、表の格子をきれいに乾拭《からぶ》きすることから始まる。それから通りに出て道路を掃《は》き清め、そのあとに水を打つ。道路は公共の場だが、自分の家の間口より少し横に出たところまでと、道路の中心線よりわずかに外に出たところまでが、自分の管理する範囲という意識がある。隣に住んでいる人の生活には干渉しない、かといって全く無視しているわけではない。これが京都の近所付き合いで、今も続いている人の交わりの距離感だ。

年中行事の中で、町なかの住民の一番の関心事は祇園祭である。祇園祭のひと月は、鉾町に住む人たちにとってはハレの日の連続となる。6月の終わり、まだ梅雨も明けず湿った日が続いている中で、祭りの準備へと気持ちは切り替えられていく。そして7月1日、冬座敷から夏座敷へ変えられると、家の中の様子はガラッと変わる。家の衣替えともいえるこの変化が人々に夏の到来を告げ、気持ちの上でも知らず知らずのうちに夏を迎える準備を始める。

襖が入っていた座敷まわりの建具が夏の葭戸に変わり、床には網代や籐むしろを敷き、軒先の簾も夏用に長く垂らす。そうして整えられたほの暗い室内でふっと感じる涼しさ。中庭と奥の庭との陰陽の使い分けによる、気圧の差から生まれる空気の揺らぎ。町家に暮らす京の人々は、昔からこれで涼をとる。

祇園祭が終われば、京都特有の耐えがたい暑さが続く。その暑さを、微風にそよぐ棕櫚竹、懸樋《かけひ》の水音や風鈴の音、床に敷いた敷物のひやっとした感触などでやり過ごすが、それでももう限界にきた頃、涼風《すずかぜ》が立つ。こうして耐力と感覚の限界まで季節が入り込んで、ぎりぎりのところで遠のいていく。もっともこういった季節との接し方は、年齢を重ねた年代にわずかに、そして頑固に残る程度で、今は暑ければ即座にエアコンを入れて室内を涼しくしてしまうようだが……。

紅葉の季節には再び冬座敷に衣替えをして、冬に備える気持ちに切り替えていく。京都は冬の寒さも厳しい。正月を迎え寒《かん》が明けるまでは、非常に冷たい空気に家の内外が支配され、柱や梁や板敷きの床や畳まで、家のすべてが冷え切る。昭和30年代頃までは、暖房といっても炭火の掘りごたつや火鉢ぐらいのものだったが、私の記憶では、朝も昼も夜も普通に生活していた。今はというと、各種暖房器具、エアコン、床暖房などがあり、暖かな室内で生活している。以前の冬の生活では、私たちにはとても耐えられないだろう。考えれば、急速に人間が弱くなっている。

そして節分を過ぎる頃、陽射しが日を追うごとに暖かさを増してくる。やがてひな祭り、4月に入れば桜の季節、5月には端午の節句と続く。それぞれの行事にはそ

◇葭戸（よしど）
コシの茎を編んだよしずを張った戸。夏に襖や障子などの代用として使われる。

◇網代（あじろ）
竹、葦、杉、檜（ひのき）などを薄く割き、互い違いにくぐらせて編んだもの。ここでは籐で編まれた網代模様の敷物のこと。

◇籐むしろ（とうむしろ・とむしろ）
籐を一直線に並べて糸でつないだ敷物。

◇簾（すだれ）
細く割った竹、または細い葦を横に並べ、糸で編み連ねたもの。部屋の内外を隔てるほか、日光などを遮るために垂らして用いる。

◇棕櫚竹（しゅろちく）
中国南部原産のヤシ科の常緑低木。江戸時代に渡来し、観葉植物として栽培されている。

れぞれのやり方があり、決まった食べ物がある。そしてその都度、家の中を整え、清浄にして、神棚や仏壇にお祈りをする。

心底暑いからこそ、ふっと流れる風が涼しく、ありがたい感じを持つ。心底冷たいからこそ、陽だまりの暖かさに春を感じることができる。五感のすべてを働かせて、風が吹いてくるのを待ち、ぽっと陽だまりができるのを待つ。ここには常に「間」があり、期待感があり、実現された時に感謝がある。家として100パーセントの性能はないかもしれないが、だからこそ不足分を何とか工夫で補おうとし、周りの自然からの力を借りることになる。

祈りの場があるということ

町家や、町家が並んで建っている場所には、そこここに祈りの場がある。京都の場合、古くからのお寺や神社が数多くあり、小さい頃から近くの神社に初詣に出かけ、その時々の神社の行事に参加したり、見に行ったりということがしょっちゅうあり、法事のたびに家に来てくれるお寺のお坊さんとの付き合いも普通にある。通りを歩くと、お地蔵さんが祀られていて、いつもきれいに掃除されて花が供されている。お地蔵さんの前を通るたびに、足を止めて手を合わせている年寄りの姿も頻繁に見る。

また、家の中には神棚があり、仏壇があるのがスタンダードな姿で、古い家では、通りニワに火の神様、おくどさんの神様、井戸の神様とそれぞれに祀られていて、家の中にたくさんの神々が集っている。そこでは毎日榊《さかき》や供花の水替えなどのお世話をして、祈る瞬間が必ずある。

◇お地蔵さん（おじぞうさん）
石に刻んだ地蔵菩薩の石像。その地域の子どもを守ると信じられ、道の辻や路傍などに立てられている。

◇神棚（かみだな）
家の中で神を祀るために設けられた棚。神札や神符などを奉安する。

以前から、人々は毎日、朝元気に起きられたらありがたいと思い、食事をいただく時は自然の恵みに思いを馳《は》せ、眠る時は安心して眠れることを喜びにして過ごしていた。自然の中で生かされていることを感じ、自然が季節によって変化することを楽しみに生活をしていた。時には暴れ狂う自然の脅威におののき、早く治まって欲しいとひたすら願い、過ぎ去れば傷んだところをもとの姿に戻すべく働いた。その根底には祈りの心があったからである。

最近、家の設計をするためにお施主◇さんと打ち合わせをしていて、気がつくと、新しい家を作る時や改修する時に、神棚や仏壇の置き場所を用意することがなくなってきた。以前ならすべて家で執り行われていた出産や子どもの成長を祝う行事、結婚式、最後の看取り、葬式なども、今では外部の専門のところに任されるようになった。それどころか、毎日の食事も外部に委ねられることが多くなってきた。立派なシステムキッチンはあるのだが……。これと同じように、家には必ずあった神棚や仏壇がなくなり、必要な時（といっても世間的な体裁上で、本心では必要を感じていないが、都合のいい時だけの神頼み）には神社へ出向いて、いくらかの初穂料なりお賽銭をお渡ししてことを済ませ、先祖の供養にはお墓やお寺へ行ってお布施をお渡しして済ませるようになった。いわゆるアウトソーシング◇による効率化が図られているわけだ。

しかし、毎日の生活に神棚があり仏壇があるのと、それらがないのでは、気持ちの整い方が違う気がする。毎朝、神棚の榊の水を替え、柏手《かしわで》を打って一時《いっとき》世間の喧騒《けんそう》から離れる。また仏壇の花の世話をして、ろうそくや灯明に火を入れ、お経を

◇施主（せしゅ）
建築主、施工主のこと。

◇アウトソーシング（outsourcing）
業務の一部を外部委託したり、必要な製品などを社外から調達したりすること。

読まないまでも呼吸と気持ちを整える。こういったほんの少しの時間が、繰り返されて習慣になり、積み重なっていくことが、今までの日本の生活の基本であった。このひと時があることで、五感が刺激され、季節を感じることができ、自分の立ち位置が確認される。これにより、地に足が着いた身の丈に合った生活が営まれ、日々の生活が楽しく充実したものになると思うのだが。

意識が上に向かう家

町家は「ウナギの寝床」といわれるように、間口に比べて奥行きが極端に長い。入口から入ると土間が奥へ奥へと続いており、非常に水平性の強い建物であるが、その中に垂直に抜けているところが何か所かある。内玄関は通常屋根がなく抜けているし、通りニワは吹き抜けになっており、これも上へ抜けている。通りニワの吹き抜けには天窓があり、上からの光を取り込んでいる。また土間を奥まで行くと庭で抜けている。建物によっては中庭があり、これも当然ながら抜けている。これらは、光や風を取り込んだり、外部の情報を取り込んだり、内部に発生する水蒸気やガス、においといったものを希釈し、外部の空気の組成に近づけたりと、さまざまな役割をするが、そういった物理的、化学的な役割のほかに、「精神的に上とつながっている」という感覚を作る。上に抜けているという意識を持つ場所は、そのほかに床の間の天井、仏壇や神棚の上などがあり、そういう場所は形として抜けているわけではないが、垂直性の意識が非常に強く表れている。

こういった垂直性への意識が、町家に住んでいる人の行動をメリハリのあるものにしているように思える。どんな行動をとっても、誰も見ていないのではなく、上の方から常に誰かがその価値を認めてくれている、という意識が町家の住人にはあり、それが誰に言われるわけでもなく、毎日の掃除、家の前の門掃き◇、打ち水など、メンテナンスに関わることを黙々と続けることにつながっている気がするのだ。

「家の声」を聞く

ところで、人間の健康、長寿に寄与する免疫という働きがあるが、これは身体に異質なものが入ってきた時に、それを排除し、恒常性を保つ働きをするものである。この働きをよく発揮させるためには、「身体の声」をよく聞くことが何より大切だそうだ。具体的に毎日の生活でいうと、朝は太陽の光を浴びる、よく歩く、食事は腹八分目で食べたくない時は食べなくていい。よく笑い、リラックスした状態を心掛ける。お酒は飲むなら少量にし、夜は12時までには眠りにつき、深い睡眠をとる。風邪を引いて熱が出ても、薬で抑えずに身体を休めて2、3日辛抱して治す。薬は飲み続けるのではなく、生活を変えることで薬をやめる。そして食べられなくなったら、点滴などで栄養を入れたりせずに、飢餓《きが》状態で恍惚《こうこつ》となって死んでいく。これが「身体の声」をよく聞いた人たちのとる行動だそうだ。何のことはない、少し前までの普通の生活だ。だが、現代ではこの普通をともすれば忘れがちになる。ついついたくさん酒を飲んで夜更かしをしたり、風邪でしんどいとすぐ薬に頼ってしまう。そうした身体の声を無視した生活を続けていると、免疫力はどんどん落ちていき、ますます薬に頼ってしまうことになる。

◇門掃き（かどはき）
毎朝、家の前の道路の掃き掃除をすること。昔ながらの京都の家々では、道幅のだいたい半分までと、隣家との境界線から一尺（約30センチメートル）を越えるところまでを掃除するというのが、暗黙のルールとなっている。

家にとって、その恒常性を損ねるものは何か。それは、外からは雨であり、風であり、熱（暑さ寒さ）である。さらにシロアリやネズミやその他の小動物、場合によっては植物もその根を家の中に張り構造体を壊し、葉が繁って家の中の恒常性を妨げることがある。内部からは、湿気による構造体の腐れ、人が生活することによる劣化、不用意に水を取り込むことでの傷み、などだろうか。これらは何で防いでいるのかというと、雨に対しては、勾配の急な屋根や、雨の水を溜めないで速やかに流すための細かい配慮で対応し、深い軒の出や足元の水返しの処理で、壁からの雨水の侵入を防いでいる。熱に対しては、瓦や陶器のような土を焼き締めたもので耐える方法が一般的である（一度高温で変化しているので、少々の温度変化ではそのものは変化しない）。風に対しては、これを家にかかる水平方向の力とみると、森や林の木がそうであるように、しなりながら受け流すのが伝統的な流儀だろう。最近では岩のようにびくとも動かないことで風や地震の水平力に対抗する考え方が主流だが、これは表向きは大丈夫なように見えていても、力に対抗するたびに内部にストレスをため込んでいる。そして、そのストレスが限界点を超えると、ちょっとしたきっかけで壊れてしまう。これは人間も同じだ。その都度、受け流して内部にストレスをためない方が健康でいられる。

内部の傷みの変化については、「住んでいる人が家の声をどれだけ聞けるか」にかかっている。では、家の声を聞くにはどうしたらいいのか。メンテナンスフリーで、家に関心も意識もいかないようであれば、そもそも家の声は聞けない。人間と同じように、若く新しいうちはそれでもやっていけるが、人間でいえば徹夜がこたえるようになり、いやでも身体の声を聞かざるを得ない時期になっても、栄養ドリンクでごまかし続けていたら、そのうちガックリきてしまう。同じように、家も手入れをおろそかにし続けていると、そのうちあちこちが一気にダウンしてしまう。面倒でも常に家との関わりを持つことが大事なのだ。

家の声を聞く一番いい手段は、掃除である。それも電気掃除機や自動のロボット掃除機などではなく、自ら手を使う拭き掃除だ。拭き掃除をしていると、手にあたる感触の微妙な変化や、目で確認できる変化に気づきやすい。また、定期的な建具の入れ替えや模様替え、季節に合わせてしつらえを変えることなどでも、ちょっとした変化に気づくことができる。そして気づいた時に、こまめにメンテナンスをしていれば、家は長い寿命が保てる。内部の変化に対しての免疫力は、掃除によって発動するのだ。

清浄感の前提にあるもの

ところで、町家の中に入った瞬間に感じる清々しさや懐かしさはどこからくるのだろうか。それは、町家の空間の特色でもあり、根本に「清浄感」があるためだ。そしてそれらは、町家内部空間を構成する「土をもととした藁の力、紙の影響、木の効果」（第2章参照）といっても差し支えないだろう。

清浄感といえば、例えば神社の参道を歩いている時に感じるような感覚。または、清い小さな流れの前にいる時、滝の近くにいる時に感じる感覚などが思い浮かぶ。これと共通するような感覚を、町家の内部空間でも感じることがある。さらに家の中を拭き掃除したあとにも、共通の清浄感を感じる。これらに共通していることは何なのだろうと考えると、そこでは人間の力を超えた「何か」を常に意識している気がするし、すべてを清浄にしてくれる水が関係しているようにも思う。そして、丁寧に手入れがされている、ということにも関係がありそうだ。さらに、清浄感の大前提となるものとして、暮らしている人の中に、他を意識し共存するために自分を律する一種の社会性が存在しているのではないだろうか。その上で、できるだけ他に依存するのではなく、自力で生活を構成しようとする潔《いさぎよ》さがあるように思える。

　今は便利な世の中になって、ほとんど指先一つで品物が買えたり、食事が用意できたり、本が読めたり、情報が得られたりするが、そうして便利にできる裏では、誰かが（または何かが）動いているわけで、他人が動いてくれることに頼って生きている社会になっている。昔ながらの町家の暮らしは、職住一体となった暮らしが基本で、それぞれ自分の甲斐性《かいしょう》で生活を組み立てていた。他人に手伝ってもらうところは、ちゃんと費用を払ってお願いしながらも、できる限り自分の力で生活ができるように工夫して、神や仏、先祖を大切に身を正して生活していた。この生活の仕方が町家の空間で感じる清浄感の大前提としてあるように思う。「人間は自然の一部であり、自然とともに生きながらえているものだ」という分かりきったことを基底に置いていた人々の営み。こういう生活を内包している建物として町家が長く使われてきたからこそ、そういった生き様が町家空間にも反映しているのかもしれない。

町家がつなぐご近所との関係

１９５０年代、私が幼かった頃は、町内にも同じぐらいの年齢の子どもがたくさんいて、毎日遊び惚《ほう》けていた。友達の家でおやつをもらったり、前の道路で陣取りや、めんこ、ビー玉などをよくやっていた。町内で一番早くテレビがつけられた家には、毎日、夕方になると『チロリン村とくるみの木』などの番組を見せてもらいに行っていた。テレビを見るのは毎日楽しみで、夢中になって見ていた記憶がある。

その頃は道路が遊び場だった。時々はポンのおじさんや紙芝居のおじさんが来た。らおしかえ屋さんや鋳掛屋さんも来た。ロバのパン（その頃は本当にロバが屋台を引っ張っていた）も歌とともにやって来た。近所の農家の人が大八車に野菜を一杯積んで売りに来たり、時にはお百姓さんの肥え桶を載せた大八車が通っていた。子どもたちにとっては道路が主戦場だったし、近所の人たちも家の前にやって来るこれらを利用することで、顔を合わせる機会も多かった。その頃は、子どもは町内全体に育てられたようなものだった。

少し大きくなった頃、いつも遊んでくれている近所のお姉さんが一人でうちに来て、母と何やら話をして帰って行った。そのあと母から「みっちゃん、お嫁さんに行くんよ」といわれて、妙にさみしい気持ちになったのをよく覚えている。その頃は嫁に行く時にも、実家から花嫁衣装で出て行くわけで、その前に近所に挨拶にまわっていたのだ。出産も産婆さんが家に来て行われたし、葬式も各家で式場をしつらえて親戚一同が集まった。今思えば、こんなに小さな家でよく冠婚葬祭が行われたものだと感心してしまう。

そんなことで、家にはしょっちゅう大人の人が用事で訪れていたが、我が家では私の友達が来る時も、母は正座して手をついて小さなお客さんを迎えていた。「おまえとこの母ちゃん、かなわんわ。行ったら手ついて挨拶されるからどうしていいか分からん」とよくいわれたが、こうして子どもたちは大人との付き合い方や社会性を自然と学んでいたように思う。

現在は、道路はきれいに舗装されて車が行き交い、子どもが遊ぶ場所ではなくなってしまったが、路地奥では昔と変わらず子どもが遊んでいる姿を見かける。近所との付き合い方は、町なかと郊外の住宅地ではだいぶ違いがあるようだが、町なかではいまだにつながりが強く、町内会もしっかり運営されており、年に1回は総会があって、そのあと皆で会食をしたりする。子どもの数は少なくなったものの、京都市内では地蔵盆などを続けている町内も多い。

以前と比べると薄れているとはいえ、こうした町内やご近所さんとのつながりが残っているのは、町家の持つ特性によるところも大きいように思われる。通風を第一に考えられている町家ゆえに、風が通るということは家の内部の音も漏れるし、夕食の用意のおいしいにおいも外に流れてくることになる。長屋形式の町家であれば、隣との境の壁を共有しているので、大き目の生活音は何となく聞こえる。気になる程ではなく、気配が感じられる程度だが、時には内容は分からないが夫婦喧嘩の声が聞こえたり、赤ん坊の泣き声が聞こえたり……。常に隣の人の出入りなども家の中にいながら分かってしまう。また表の格子は、昼間は家の中から外が見えるけれども外から中は見えないという絶妙の仕掛けだが、火灯し頃となるとそれが逆転して、外から格子越しに中の様子が垣間見えたりする。

こうした近所との距離感の中に暮らしていると、地域の人たちと一緒に生活している気分になり、周りに迷惑をかけていないかを知らず知らずのうちに気にするようになる。家の前の掃除をしていて、近所の人と顔を合わせればもちろん挨拶をするし、見かけない人がウロウロしていると何か違和感があるので、地域の防犯にも役立つ。そんな近所付き合いができるように、町家という建物が仕向けているとみることもできる。

◇『チロリン村とくるみの木』
昭和31年（1956）～39年（1964）にNHKで放映された、子ども向けの人形劇。

◇ポン

ポン菓子やドン菓子と呼ばれる食べ物で、米などの穀物に圧力をかけ、一気に開放することで膨らませた駄菓子のこと。「ポーン」という大きな音とともにポップコーンのような米菓子が勢い良くはじけ出るためこう呼ばれる。大正から昭和中期頃までは、巡回業者が広場や定期市などにポン菓子製造用の器具を持って来て、目の前で作って見せることが多かった。

◇らおしかえ屋

キセルの吸い口と火皿とをつなぐ竹管(らお)がたばこのヤニで詰まった時に、蒸気で掃除をしたり竹管を取り換えたりする仕事をする人のこと。昭和30年代までは、よく蒸気で「ピー」という音を鳴らしながら町内にやって来ていた。

◇鋳掛屋(いかけや)

鍋や釜、やかんなど金物に穴があいたり壊れた時に、修理する人のこと。京都市内では、昭和35年(1960)頃までは、町内の道路の邪魔にならない場所で作業していた。

◇ロバのパン

昭和の初期から、ロバまたは馬に荷車をひかせながらパンを売っていた移動販売のパン屋のこと。京都市内では蒸しパンが売られていることが多かった。高度経済成長期からは自動車による販売に切り替えられていった。

◇大八車(だいはちぐるま)

木製の荷台と車輪を組み合わせた、2~3人でひく荷物運搬用の大きな二輪車。江戸前期から使用され、八人分の仕事の代わりをするという意味から名付けられたといわれる。

―町家の中に流れている時間―

では次に、人の一生という時間軸に町家がどう対応しているか、という側面から、町家を見ていくことにする。人が生まれ、成長し、変化していく中で、時の流れの感じ方や周りとの関わり方も変わっていく。そうした人間の生活を、町家はどう受け止め、包み込んでいるのだろうか。

社会的時間と自然の時間

町家の建物は、間口に対して奥行きが長く、道路側、奥の庭側とが外部に接しており、奥行き方向の両側の壁は基本的には開口がなく、外に対して閉じている。道路側は「社会」に面しており、近所付き合いをはじめ、仕事の関係者や商売の人などが出入りするので、その社会との接点となっている。

一方、奥の庭は「自然」の中にあり、庭木や草や鳥や虫たちがいて、晴れたり曇ったり、昼だったり夜になったりする。ここに流れる時間は暦や時計の時間とは関係なく、周りの条件が整えば庭木に花が咲き、葉が散り、鳥が来て、虫が飛ぶ、という自然の時間が流れている。私たちはいろいろな約束事や仕組みによって社会生活が滞りなくできる

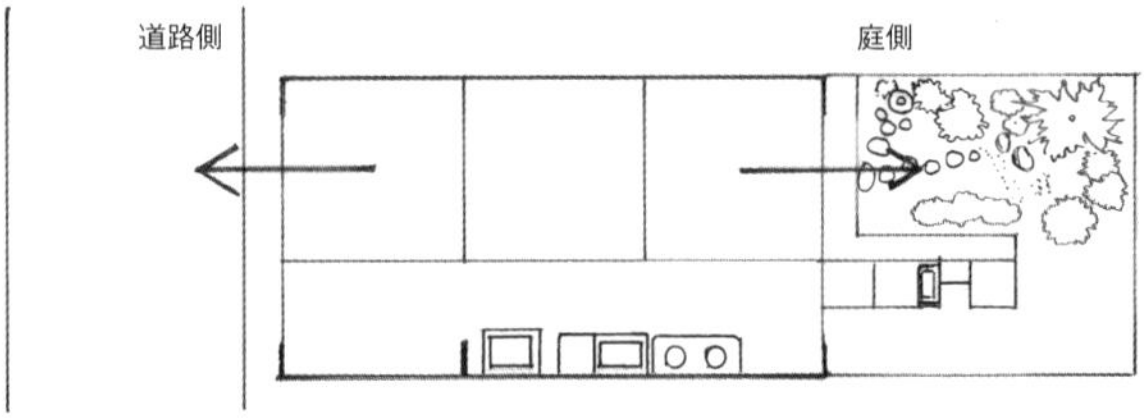

道路側の社会的時間と、庭側の自然の時間。町家は両方に接しているため、住人は両方を行き来できる。

ようにしているが、社会を作っているのは人間で、人間は自然の一部にすぎないため、自然の世界がなければ人間社会を形成することはできない。よって、自然に接している庭の世界は、道路側の世界（＝社会と接している世界）を成立させている「根本の世界（大もとの世界＝社会はなくなっても自然は残る）」だということができる。

しかし、現代ではそのことを忘れ、自然の世界のことを社会の都合で決めようとしていることが多い。特に社会の約束事で決めた、「お金」という価値基準で自然のバランスも判断しようとすると誤った判断になり、ひいては私たち人間を滅亡へと導きかねない。だから、物事を判断する際には、「社会的な判断」と「自然の世界での判断」との、二つの価値体系を持っていることが非常に大切になってくる。

町家は、「道路側の社会的時間」と「庭側の自然の時間」の両方に接していて、その間を行き来することができる。したがって、町家の中に流れる時間を表すには、原子の振動回数で決められる極めて精密な時間と、自然の緩やかな時の流れの中で、ひと昔前まで皆が身体感覚として持っていた「ひと時が約2時間」という時間単位、この両方で考えるのがふさわしいように思う。二つの異なった時間に接していることで、町家に住んでいると二つの異なった価値基準があることに気づきやすく、その基準で物事を判断する智恵もまた、身につけやすい。それに対し、マンションなどの現代住宅は社会的要求に応えるべく作られているので、社会の方にのみ接しているといえるだろう。

一日の流れと体内時計の調節

ではここで、一日の時の経過にも、一年の季節の巡りにも、一生の人の変化にも、はたまた方角にも使われる十二支を使った時の刻み方を見てみよう。先述したように、これはひと昔前までの時間の単位であり、十二支を24時間に当てはめているので、「1単位＝ひと時は約2時間」となる（以前は季節によってひと時の長さが違っていた）。今でもお茶の世界では、「茶事は二タ時《ふたとき》」といわれ4時間を超えないものとされているように、伝統的な分野では時間の単位として使われている。

夜の12時前後の約2時間が子《ね》の刻、それから2時間ごとに丑《うし》、寅《とら》となり、卯《う》で夜が明ける。江戸時代にはそれぞれの正刻で鐘をついて人々に時を知らせていた。明け六つの鐘を卯の刻とし、午《うま》の正刻が正午、暮れ六つを酉《とり》の刻とした（この時代は日の出前、日の入り後が時刻の基準となるため、やはり時の長さは季節によって変わっていたわけだが）。一日がスタートして最初の刻は寅の刻。正午より前を午前、それよりあとを午後というのはおなじみのいい方だ。さらに、亥《い》の刻といえば午後10時。お茶の世界では炉開きの11月初めの亥の日には、亥の子餅◇を亥の刻に食べるとされているが、午後10時頃に食べられていたのだろうか。

こうして一日が巡っているが、人間には体内時計があり、放っておくと25時間ぐらいの周期になるのだそうだ。これを調節するのが光の変化である。特に朝、暗いところから太陽の光で明るくなると、体内時計がリセットされて目が覚める。そして、目覚めてから15時間ほどで自然と眠くなるというリズムになるらしい。夏の朝、日の出が早く5時に目が覚めると、15時間後の夜8時には眠くなる。冬の朝、日の出

◇亥の子餅（いのこもち）
「亥の子の祝（いわい）」に食する新穀で作られる餅のこと。亥の子の祝とは、陰暦10月の亥の日の亥の刻に餅を食べて万病を除くとする風習。亥が多産なことから子孫繁栄を祝うためとも。西日本では収穫祭の行事でもある。

が遅くなって7時に目覚めたとすると、夜10時までは眠くならない。昔から冬に夜なべ仕事ができたのは、こういうリズムがあったからかもしれない。

現代の外部と遮断されたビルの中で、夜遅くまで仕事をするような生活だと、一日のリズムが狂ってくる。光の強さの変化がないところにいると、一日が25時間の体内時計のリズムになり、どんどん日常の一日からずれていってしまうそうだ。町家のように太陽の光が届く庭があり、自然とつながっている建物で生活をしていると、こうした体内にある自然のリズムが、あまり乱されずに済むだろう。

一年の時の流れ

同様に、一年を十二支で表すと、真冬を子とし、春を卯、夏が午、秋が酉となる。この季節に対応して、古来の日本人は色の名前をつけている。冬と夏は「くらい」と「あかるい」で、これに対応する言葉は玄《くろ》と朱《あか》、春と秋は「ぼんやりしている（青）」と「はっきりしている（白）」。これを季節の呼び名と合わせると、青春《せいしゅん》、朱夏《しゅか》、白秋《はくしゅう》、玄冬《げんとう》となる。ついでにいうと、玄の字は木の枝を切ったものに糸の束がよじれてかかっている形であり、糸を染める時の状態を示している。黒に染めるためには、赤や青やいろいろな色に染めることによって最終的にできる色を使うが、それを玄といい、玄人《くろうと》などの言葉を見れば、その意味がよく分かる。白は、白日《はくじつ》や告白などの言葉があるように、「はっきりと」の意味がある。秋の澄み切った青空をはっきりと、という言葉で表したものか。こうした季節ごとの外の光の変化は、外部と緩やかにつながっている町家の空間であれば家の中にいても十分に感じられ、温度や湿度の一年の変化によって、一年を1サイクルとする循環を無意識に体感していることになる。

一生の流れ―ハナレの意味―

人の一生を十二支で表す場合は、鬼門=起門からのスタートとなる。子ども時代からだんだん大きくなって「青春」の時期を過ぎ、社会に出て働く「朱夏」の時期になる。やがて鬼門のちょうど反対側、「裏鬼門」に差しかかる。この時期は一般的には厄年《やくどし》あたりになる。この頃になると、社会の要求に応えてがんばってきた身体が、思うように動かないことに気づかされる。徹夜の連続でも平気だったものが踏ん張りがきかなくなり、自分の身体に様子を聞かないとうまくやっていけないようになってくる。これは、社会の方ばかりを向いていたのが、反転して「自然の方（自分の体）を向かざるを得なくなった」ということなので、裏鬼門は「反転門」だと考えられる。町家の暮らしでいえば、ミセやゲンカンといった道路側を向いていたのが、反転してザシキから庭の方を向くようになる時期だといえる。さらに人生の「白秋」の時期を経て、「玄冬」で一生を終えれば、めでたく一巡できたことになる。玄冬から次の鬼門=起門までは、いわば猶予期間で、輪廻転生の考え方が表されている。

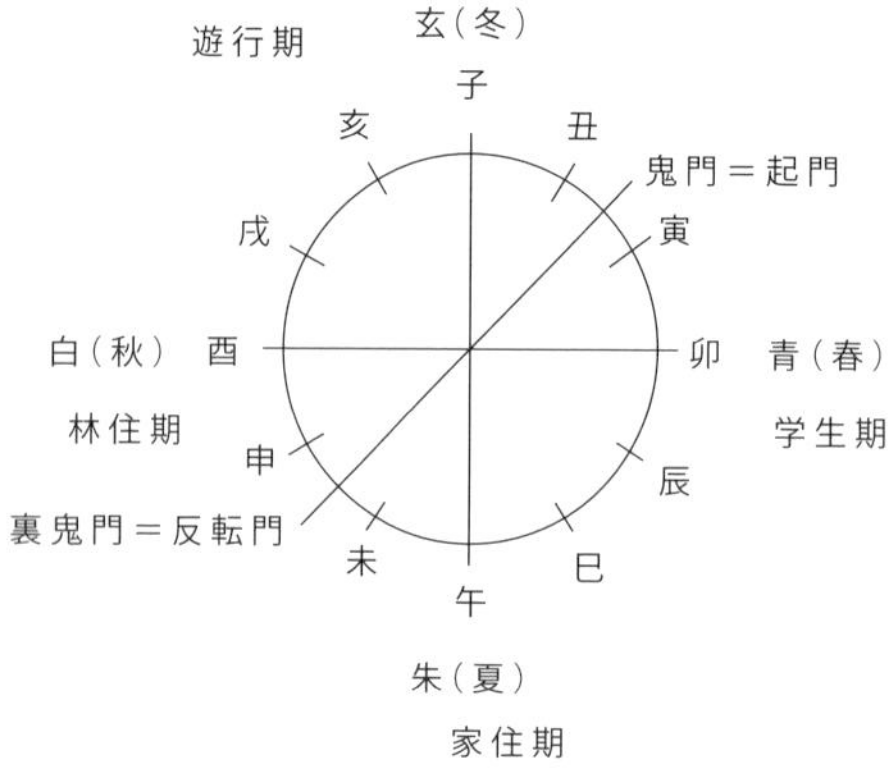

◇鬼門（きもん）
陰陽道において、鬼が出入りするといわれ忌み嫌う方角。北東の称。

◇反転門（はんてんもん）
鬼門に対する造語。町家の生活をする中で、社会（道路側）を見ていた状況から、180度反転して自然（庭側）に意識が向くようになること。

古代インドでいわれていた、人の一生を四つの時期に分ける四住期◇という考え方に従うと、青春の時期は「学生期《がくしょうき》」で、生きていくためのさまざまなことを学び、社会のルールや仕組みを学ぶ。その時期を過ぎると「家住期《かじゅうき》」に入り、結婚して家庭を作り、子どもを育てていく時期になる。やがて裏鬼門＝反転門を過ぎると「林住期《りんじゅうき》」になり、自然の中に入って自然とともに過ごす時期になる。最後は、家族も捨て、家も捨てて生きる「遊行期《ゆぎょうき》」となる。最後の遊行期は家も捨ててしまうので町家はいらなくなるが、それまでの三つの時期は町家で対応できる。それに対して現代住宅は社会の要求に応えるべく作られているため、学生期、家住期までは対応できるが、林住期には対応できない。この林住期まで対応できるというところが、町家の大変優れた特質である。

象徴的なのは、商売の主導権を息子の代に譲った親の代が「ハナレ」に住む、ということだろう。人生50年といわれた頃は、男の厄年が過ぎたあたりでハナレに隠居した。商売と生活を一体としている母屋とは物理的にもハナレて、庭という自然に囲まれた中に住む。そして、社会を作っている大もとの自然の法則の中で、社会的な活動である母屋の商売をハナレたところから見る。まさしく、はっきりと林住期を意識した住居形態が、そこにはある。

人の一生に寄り添う家

学生期には、子どもは親や学校を通じてまず社会の約束事を学習し、お金を基準とする価値観が植え付けられる。一人前になり社会に出て働くようになると、これ

◇四住期（しじゅうき）
古代インドにおける人の一生についての考え方。学びの時期の「学生期」、社会人として家族を養う「家住期」、社会の第一線から離れる「林住期」、この世への執着をなくす「遊行期」の四つの区分で構成されるというもの。

が役に立つからだ。そして家住期になって結婚して家庭を持ち、子どもを育て、その子どもにも自分が親から言われたようなことを伝えるようになる。

やがて、反転門を通過すると林住期に入り、それまで「これがすべてだ」と思っていた社会生活が、「実は自然や地球や宇宙があって初めて成り立つのだ」という、根本の世界の存在に気づくことになる。ここでの価値基準はもうお金ではなく、美しさであったり、単純さであったり、エネルギーをより少なく使うことであったり、汚さないことであったりする。そして、今まで意識に上らなかった、小さい頃おじいさんやおばあさんから聞いていた話が思い出されるようになる。「しつけ」といわれるものは、子どもにもよく分かる言葉で短く適切に行われると、この時期になって本領を発揮するのではないだろうか。例えば文筆家の幸田露伴は、娘の文に掃除の仕方を教える際に「きれいに　早く　音を立てない」と教えている。この価値基準は、美しさやエネルギーを無駄《むだ》に使わないことなど、まさに林住期になって分かる価値基準に一致している。

人が反転門を通過する時の手助けをするものはいろいろあるが、芸術や芸能といわれる範疇に入るものも含まれている。音楽や絵画、詩歌、また茶道や華道のようなもの、さらに伝統的な踊りや祭りなど、社会生活を送っている間の価値基準では「それが何の役に立つの？」と言われそうなものたちが、二つ目の価値（社会とは別のもう一つの価値）を見出すのに大いに役立ってくれるのだ。そして反転門を迎えた人々は、手助けになったものを通じて、さらに広い世界へ、深い世界へと導かれることになる。

遊行期は必ずしも文字通り、家を捨てて修行に入るということではないとしても、

◇幸田露伴（こうだろはん　1867〜1947）
小説家、随筆家、考証家。江戸下谷生まれ。明治20年代に『風流仏』などで名声を確立し、尾崎紅葉と並び称される。のちに考証、史伝、随筆に独自の境地を開拓。第1回文化勲章受章。小説『五重塔』など。

◇幸田文（こうだあや　1904〜1990）
随筆家、小説家。東京生まれ。露伴の次女。『終焉』など、父を語る随筆で注目される。小説『流れる』など。

普通の生活をしながら、精神的、哲学的、宗教的な思いを深めることで、究極の目的に向かうことだと解釈することができる。人のこうした一生の変化に、町家はあたかも通奏低音《つうそうていおん》のように、最初から最後まで寄り添っている存在なのである。

「しつらえ」ということ

町家で生まれた人間が町家の生活の中で幼少期を経て、青年期になり、壮年から老年に至る。この一生の間の身体的変化、社会的変化、精神的変化、価値観の変化に町家の内部空間を対応させる方法が、「しつらえ」である。家の骨格はシンプルに必要最小限の区切りにしておき、必要に応じて小部屋に仕切ったり、開け放って広い空間にしたりできるわけだが、それとともに、「その時々で必要なものを出してきて使う」という方法を柔軟に取り入れられるのも、町家の特徴だ。一つの部屋が、布団を敷くと寝室になり、昼間は食事の場になり、時には接客の場になったりする。また、季節ごとの年中行事では改まった場所にもなり、少し前までは冠婚葬祭はすべて家の中で行っていたので、その時々でしつらえて場を作り、大勢の参加者に食事を提供したりもしていた。この、一つの空間を重層的に何通りにも使い分けるやり方が、「しつらえる」ということだ。

実はこうしたしつらえのためには、収納の場所がいる。夏と冬の建具の入れ替えをはじめ、正月用の道具類、大人数での食事の用意ができるような食器類、調理器具類、床の間に飾る道具類、ひな人形や五月人形の人形類、もちろん座布団《ざぶとん》や客用も含めた布団類など、かなりの容量が必要になる。となると、庶民の町家生活では、限られた空間でこれだけのことを満たすために、必然的に「必要なだけあればいい」と考えるようになる。庶民の暮らし方は、これに徹しているといってもいいかもしれない。

これは「何事も無駄にしない」という精神につながり、その思いは町家の隅々にまで溢れている。例えば障子紙《しょうじがみ》を張り替える時でも、次に張り替えるまではがれずに保てればいいので、使う糊は水のように薄いもので、しかも古い障子紙をはがしたあとの桟《さん》に残っている糊も、流さずに新しい紙の接着の足しにする、という徹底ぶりである（桟をごしごしこすって糊を除くより、この方が骨組みも長持ちする）。

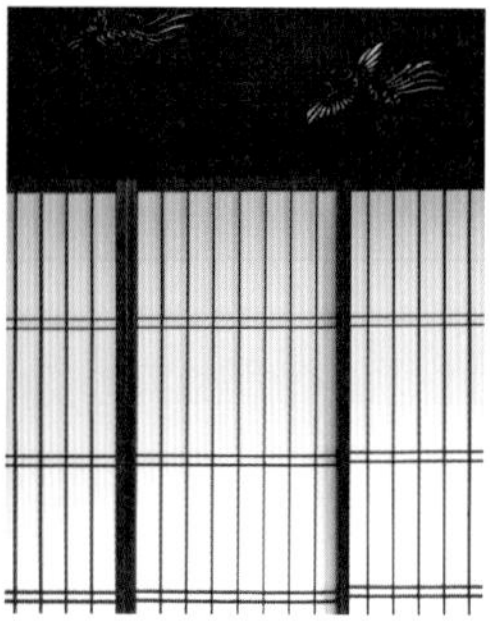

現代の一般的な住宅の考え方は、一つの部屋を一つの目的のために用意しておいて、自分が目的の部屋に移動すれば、寝る場所なら寝室のセッティングが、食事の場所なら椅子とテーブルが置かれており、目的を果たすことができる。いちいちそのためのしつらえをしなければ目的が果たせない町家に比べると、何と楽ちんな生活ではないか。しかし、この楽ちんは次の楽ちんを呼び、ますます手間をかけずに生活全般が行われるようになってきている。人間は楽な方、楽な方へと行ってしまいがちだが、便利になるということは、よくよく考えて見れば今まで人間が手間をかけてしていたことを、電気や石油などほかのエネルギーを浪費することで、「以前よりは少し便利」を積み重ねているに過ぎない。振り返って町家生活を見てみると、

町家は「反転門」を過ぎてからの価値基準をも併せ持っているので、いちいちしつらえることで一つの部屋をいくつもの目的に使うという邪魔くさい方法によって成り立っている。しかし、エネルギーの無駄使いが人間の生存すらも脅かすようになった今、この町家にある「めんどうでも、できる限り自分自身で何とかする」や「必要なだけでいい」という精神は、ますます重要になってきているといえるだろう。

―町家に備わる中間領域―

ところで、日本の建築に特徴的に見られる空間に「間」のような曖昧《あいまい》な存在＝中間領域がある。建物の内でも外でもない部分をそう呼ぶが、これは、ヨーロッパの建物が外の自然から生活を守るために建物内外部をはっきりと区分して壁で境界を作っているのに対して、日本では温暖な住みやすい気候風土の影響もあり、自然を取り入れた生活を続けてきたことに由来するのだろう。

町家の空間構成の中で、この中間領域の果たす役割は大きく、日本古来受け継いでいる大切な空間意識なので、いくつかの項目を取り上げてみたい。

内と外の間

日本の家の日本的なるものの一つに「縁側」がある。内部でもない外部でもない空間で、しかも、内部であり外部でもある。町家の生活では、冬に縁側の内外を仕切って縁側部分の空気が動かない状態にすると、これが断熱層として働く。夏は開け放せば風が通り、深い庇が直射日光が部屋の中まで入るのを防いでくれる。道路側の玄関の土間も、外部と内部との中間領域となっている。町家はこういった中間領域を懐深く持っているのが特徴であり、そこには周りの自然との付き合い方を探ってきた先人の知恵がたくさん詰まっている。また、暑さ寒さの調節など自然との付き合い方だけでなく、社会的な面における人との付き合い方の調節についても、双方が穏やかな精神状態でいながら、ちゃんと「拒否する」、「とりあえず話だけは聞く」、「しっかり話し合う」、「時間をともに過ごす」という関係性によって使い分けられるような知恵が組み込まれている。ここでは、この二つの中間領域、自然と向き合う「縁側」、社会との接点である「玄関」について、もう少し詳しく見ていくこととする。

庭側の内と外の間

庭側の中間領域の代表である「縁側」。建物の外にくっついて庭に面しているものは「濡れ縁」などと呼ばれ、以前は吹きさらしであった座敷と庭の間の板敷きの部分も縁側と呼ばれている（現在は庭に面してガラス戸などの建具が入り、雨風を防ぐことができるものがほとんどで、そのため床が畳敷きの縁側もある）。この縁側から庭を眺めていると、庭の植物や小鳥、昆虫などを通じて季節の変化がよく分かり、自然との一体感が感じられる。この、自然とともにある状態を私たちは「うれしい」と感じるようだが、それは人間と人間の周りの自然が持っている、はるか昔からの共通の記憶（もとは一緒だった）が仲間意識を呼び起こすからだろう。

しかし自然とともに生活していると、時には理解しがたいことが起こったりもする。それは単なる自然現象であったり、時には周りに住む小動物のしわざであったりするのだろうが、人々はそれを分からないまま受け止め、昔からそれを「物語」とすることによって受け入れてきたように思う。各地に残る民話や妖怪話などは、中間領域での不思議な出来事を、分からないままに受け入れようとした証なのではないだろうか。この、「不思議でよく分からないことを分からないままに受け入れる」という姿勢は、実は極めて重要なことのような気がする。それは、分かったつもりになっているが分からないことがたくさんあって、自分の力ではどうしようもない世界があることを知り、それゆえに、何気なくやっていることが、普段気にすることのない別の世界に影響していると気づくことにつながり、異なる価値観を併せ持つようになるからだ。すると、「人間ができることなどたかが知れている」、「うかつにやってはいけないことがある」ということが分かり、傲慢にならずに済む。これは、昔の人が編み出した工夫であり、これぞ人間の知恵というべきものではないだろうか。

また、これに通じることとして、ひと昔前までは誰もが太陽にも月にも雨や風にも神様がいると信じ、自然のすべてのものには神が宿っているとして、自然の持っている力に畏敬《いけい》の念を持っていた。この畏敬の念は、自然とつながっている町家の暮らしの中にも当然及んでいたわけで、現在も家の神棚に祀る神様はもちろん、おくどさんや井戸、庭やトイレにまで、それぞれの場所に神様を祀る町家は多い。

道路側の内と外の間

建物の入口である「玄関[※]」もまた、一種の中間領域である。縁側が自然との関係の濃淡を調節するように、玄関は家に入ってくる人との関係性の濃淡を調節する。

町家に代表される伝統的な建物の玄関は、道路側には引き戸の格子戸がある。引き戸であることで、完全に「開く」と「閉める」の中間状態が簡単にできるため、訪問者が玄関に入ってきても、格子戸を少し開けておけば、玄関は完全な内部とはならず、外とつながる空間になる。玄関の床は土間になっていて、ここまでは土足で入ることになる。土間に面する部屋は土間よりも一尺五寸（約45センチメートル）程度高くなっているので、相対する家の者は、座れば視線が来客よりも低くなるように作られている。こうしたしつらえの玄関で訪問者との対応が行われる。

まず、これは現代の住宅でも同じだが、何者か分からない人物への対応は、玄関の敷居をまたがせない状態で行われる。次に何らかの用事で訪れた人に対しては、玄関の中に招き入れるが、訪問者は立ったまま、家の者は玄関に座って話をすることになる。さらに近所の人など気の置けない間柄であると、訪問者は履物はそのままに、玄関の上がり框に腰を下ろして家の人と会話をする。このさりげない付き合い方が実に心地いい。さらに正式な訪問客の場合は、履物を脱いで玄関を上がり、家の内部の座敷などに通されてそこで家の人と相対することになる。こうした人間関係の濃淡を調節する機能が、道路と内との中間領域にあたる町家の玄関にはしっかりと残っている。

また少し特殊な例になるが、祇園祭の鉾町では祭りの期間中、道路側のミセの間

※玄関
ちなみに、P75などで登場する「ゲンカン」は建物内の空間の呼び名として用いているが、ここでは空間の機能を表すものとして「玄関」と記載する。

の格子を取り外して、内部に家の宝である屏風を飾って道行く人にお披露目する。この時、ミセノマは道路と一体になって祭りの空間を作り出す。この状態のミセノマも、中間領域であるということができる。

山と里の間

町家の建物の中間領域からは離れるが、人が生活する家がどのように作られてきたかを考えてみたい。早い時期から人は集まって住んでおり、生活のしやすい山の麓や川の近く、海辺などに集落を作り、やがて里ができる。この中でも、山の麓の里は今では「里山」と呼ばれるが、里山は人の住む「里」と自然の「山」の中間領域とみることができる。

山は古くから神の住むところ、また人が亡くなるとその霊が行きつく場所と考えられており、里の人たちに恵みをもたらすが、うかつに山に入ると命を落とすこともある「異世界」であった（今でも里から少し山に入った場所に神社やお寺があるが、これらは里と山の世界をつなぐ役割があるものと思われる）。そこでは人間たちは、まずは自然を自然として素直に受け入れた上で（どう頑張っても思い通りにはならない）、周りの自然に働きかけることで、自分たちに都合のいい自然の恵みをいただくようになった。この自然への働きかけのことを「手入れ」といい、山仕事、野良仕事などと呼ばれていた。こういった人間の仕事のおかげで、中間領域である里山は、そのままの自然だけよりも豊かな生態系を持つことができ、多様な動植物が棲み分けられる場所になっている。現在もこのような里山は各地にあって、周りの自然とのやり取りの中で生活が営まれている。実はこの里山の生活の仕方が、都会にあって中間領域を多く残している、町家暮らしの基本にあるように思う。

人間は里山なのだ

私たち人間の身体もまた、自然に属するものだ。毎日同じような繰り返しで過ごしているように思っているが、知らないうちに自分の身体は表面も内面も変化している。自然に属しているものは、自分の思い通りにはならない。一方、頭の中でいろいろと考えることは自分の自由に考えられるので、身体が「自然」に属していることと対比すれば、考えることは「人工」といえるのではないだろうか。そうすると、「身体という自然の中に自分という人工がある」という図式になる。これは自然の中に人間が住んでいる「里山」と同じ構図である。

人間それ自体も、身体と自分の間に里山と同じ関係があるのだから、身体と自分の間でよくコミュニケーションをとって、いわば手入れをしながら、身体が自分の意志にちゃんと合わせてくれるようにしておく必要がある。若い頃はそんなことは思いもよらないことで、自分の意思通りに身体がついてくるものと思い込んでいる。これが年を経てくると、しだいに思うように身体が動かなくなるので、いやでも身体と自分の意識は別物だと分かってくるし、そうなってから先の年齢は、特に手入れが必要になってくる。

家も里山がいい

そして、人間という里山を包み込む家も、里山の性質を持った方がなじみがいいのはいうまでもない。長い間、自然に働きかけ、時には自然に破壊され、時には人間の都合のいい方に傾きすぎたりしながら、徐々にバランスを取りつつ安定した形になった家が里山的といえるだろう。これはまさしく、戦前木造住宅といわれる伝統構法の構造を持つ建物のことだ。

人間の里山的な性質にあった生活をし、そのような生活が送れる家に住んでいれば、自然側にある身体が老年期に入って衰えてきても、少なくとも「自分」が崩壊することなしに最期まで過ごすことができるのではないだろうか。認知症などと呼ばれる症状も、それまでの生活が身体という自然を無視して、自分の意志を優先した生活だったために、老年期になってバランスがどうにも保てなくなり、一気に関係が逆転した現象のような気がしてならない。もしそうだとすると、次々と出てくる新しい技術やちょっと便利なものを無批判に受け入れてきた私たちにも問題があったわけだ。家はやっぱり人の一生、「生老病死」のすべてがその中で行われるものであり、そういうものを私は「家」と呼びたい。

家の境界線と中間領域

大正8年（1919）、市街地建築物法で、「軒先は道路に出てはいけない」と規定されるまで、道に面して突き出ている軒先は家の付属物だが、その下を往来することは何ら問題がなかった。不意の雨の時など、荷物を小脇に抱えた人々が、軒先伝いに行き来していた。同じように、隣ともケラバ（側面）を建物よりも外に出し合って雨を防いでいた。それは、お隣さんも道行く人も「お互い様」だったからだろう。違う領域が入り混じっている空間では、人と人との交流が必然的に起こる。道路を歩いていて、突然の雨で軒先伝いに移動したり、一時の雨宿りをするのに軒先を借りたりする場合も、ひと言ふた言、言葉を交わすだろうし、言葉がなくても、「軒先をお借りします」という「ありがとう」の気持ちと、「いえいえお互い様ですから」という気持ちが行き交うことになる。

また、隣の敷地に屋根のケラバがはみ出していても、それは家と家の間から雨水が入ってきてそれぞれの建物を傷めることのないようにとの配慮であることは皆が了解済みで、双方の建物を少しでも長持ちさせるためであった。ここでも、言葉はなくても感謝の念がやり取りされている。これは多くの人が集まって住む都市にあって、その成熟度を示すもので、「ここから先は入ってはいけない」というような子どもっぽい争いからは卒業しているといっていい。

それが、所有する土地が、道路とは道路境界線で、隣地とは敷地境界線で区切られ、その中で家を建てるようになってからは、「お互い様」がなくなり、「ここまでは使っていい、ここからは使ってはいけない」という

二者択一的な分かりやすい方法になった。これによって、隣とも前の道路とも分断されてしまい、家は孤立することになる。境界線からはみ出しては、屋根も壁も塀も、付属物の照明さえも、付けることは許されなくなり、判断基準は分かりやすくなったが、意識も外への意識が境界線で抑えられてしまい、内へと向かうことになった。今までは、外部と意識としてもつながっていた暮らしが、新しい建物になると壁一枚ではっきりと内と外が区切られ、「外のことは知らないけれど、自分の家の中が良ければいい」となってしまった。エアコンで内部は夏涼しく冬暖かいので、外にある公園の樹木や街路樹、隣の大きな木が、今までなら夏に木陰を作り、冬には葉を落として太陽を取り込ませてくれていたものから、「葉っぱが落ちてゴミになる」、「風が吹いた時に音がうるさい」、「台風で枝が折れたら困る」などの理由で、「切って欲しい」という意識に変わる。

違う領域の混じり合う空間がなくなり、境界線という架空の厚みのない壁で内と外が分けられ、現実にも外壁一枚で外部環境と内部空間が隔てられてしまった。宙ぶらりんの空間を排除したことによって、現実に起きる宙ぶらりんの場面も、もはや持ち堪えることができなくなってしまっている。そして何か事が起こると、「責任者出てこい」、「いい訳は聞かない」、「答えはどうなんだ」と詰め寄る。そうした人たちが集まって住む都市は、居心地がいいとはとてもいえない。

◇ケラバ　ケタバ＝桁端の転訛（てんか）。切妻屋根などにおいて、妻壁から突き出た外方の部分をいう。

第4章

未来へつなぐために今できること

～町家を生かす再生方法～

―町家再生の考え方―

ここでいう「再生」とは、構造体を含めた改修工事のことで、その点が、内装や設備を変えるだけのリフォームやリニューアルとの違いである。町家を現代の生活にもフィットした形で使い続けるためには、すでに80年以上は経っている構造体を見直して補強し、生活に合わせた空間の変更、設備の更新が必要になる。構造体については、町家は傷んだ部分だけを取り替えることが可能なように作られており（第2章参照）、もとの形を大きく崩さなければ、平面計画の変更をしても構造耐力は保持できる。そのため、古くなった建物でも快適に使い続けることができるのだが、まずはその際に気をつけたい事柄から挙げてみたい。

町家の特徴をどう生かすか

町家再生にあたっては、姿や形が変われども、1000年前から連綿と受け継がれ、形作られた「町家の本質」を外すことのないようにしなければならない。そのためには、まずその原点である町家の姿をはっきり認識し、「できるだけもとの形に戻す」ということが大前提になる。たとえ使用目的が商業的である場合でも、ともすれば金銭的価値を優先するあまり、すべての部

屋を土間に落としたり壁を抜いたりすることは、極力避けるべきである。

さらに建築基準法との関わりについても、十分な配慮が必要になってくる。町家は建築基準法施行以前の建物であるため、現在、基準法上は「既存不適格建築物」という不名誉な位置づけになっている。既存不適格建築物を改修して再利用する場合、小規模建物であること、もとの使用目的を変えないこと、改修範囲が構造の2分の1以下の範囲で行われることなどを満たせば、現行法規に合致しているかどうかの確認申請を提出する必要はない。逆に、改修する町家の面積が大きい時、使用目的が変わる時、構造改修の範囲が全体の2分の1を超える時、増築などの面積の変更がある時などは、基本的には建築基準法に準拠して考えないといけない。この場合は、行政の担当者とよく協議することが必要だが、いずれの場合も「町家を改修する」のであって、「建築基準法に合った改修をする」のが最終目的ではないことは、よく心しておかないといけない。

もとの姿を認識する

はじめにするべきことは、先程も述べたように、現状がどんな形であれ、その建物の建てられた当時の形をしっかり認識することだ。その上で、現在ある柱や壁はできるだけ残し、中庭や通りニワが内部の床の延長として取り込まれていれば、床を外してもとへ戻すことを考えてみる。あとから足されたものを取り除いてもとの姿を出してやることにより、本来町家が持っていた通風や採光、暑い夏をしのぐための知恵など、原初的な機能が蘇るからだ。電気の工事も継ぎ足しになっているので、

◇既存不適格建築物（きぞんふてきかくけんちくぶつ）
現行法の施行以前に建てられた建築物で、現在の法律に適合しない部分があるもの。

これもいったん全部取り去る。そして、一階の床組みをすべて外してみる。そうすると、柱の足元の傷みや弱っているところがよく分かる。二階の天井も外すと、屋根を受けている構造が確認できる。その上で、現状の柱、壁、梁などの傷んでいるところ、強度の落ちているところを補修し、できるだけ水平・垂直を戻すことがまず第一である。そのためには、必要であれば根継やジャッキアップをする。さらに足元の補強として、足固め◇や根がらみ◇をする。この時、あくまで基礎石とは緊結しない。緊結すると町家の持っている免震性が失われるからである（第2章参照）。壁も補強する場合は、もとの竹小舞に土塗り壁を復元し、柱を現した真壁構造◇にするべきである。これを大壁構造◇にしてコンパネ◇や合板で固くした壁を部分的に作ってしまうと、満員電車に揺られている中で一人頑張って立っているようなもので、地震力をその壁でダイレクトに受け止めることになってしまう。持ち堪えられなければ、その壁がないのと同じことになり、かえって危険な状態になるので注意が必要である。

何を足していくか

そこから、現在の生活やこれからの生活に合わせたアレンジを考えていくことになる。特に町家の敷地は細長いことが多いので、真ん中あたりの部屋は採光面で不利になりやすく、周りの環境の変化（ビルに囲まれてしまったとか）なども考慮しなければならない。また、台所の位置をどう考えるかも生活の場としては大切なことで、計画面でしっかり反映していく必要がある。

◇足固め（あしがため）
床下で柱と柱の間に取り付け、軸組を堅固にする横木。脚堅とも。

◇根がらみ（ねがらみ）
掘立柱や束柱（つかばしら）などの下部分を連結させるために取り付ける木材。

◇真壁構造（しんかべこうぞう）
柱と柱の間に壁をおさめ外面に柱を見せた壁。和風建築に用いられる。

◇大壁構造（おおかべこうぞう）
壁一面を板張りや壁塗りにすることで外部に柱を現さないようにした壁。土蔵の外壁など。

◇コンパネ（Concrete panel）
コンクリート型枠用の合板のこと。商品名が代名詞となっている。

暑さ寒さ対策としては、屋根面の下や床下に断熱材を入れるのは基本的なことだろう。それに加えて瓦屋根の下に通気層を作って夏の暑い空気を逃すなどすれば、真夏の昼間から夜にかけて暑くていられなかった二階の部屋もぐっと快適になる。また、冬の日光の暖かさを捕まえるのに、床下に蓄熱材を入れたり床板の下に潜熱蓄熱材を挿入すれば、一日の温度変化も緩やかになるはずだ。

飲食店として改修する場合は、調理場や熱源の種類によっては、火事の危険性が常につきまとうので、できる限りもとの平面に素直に計画することが大切である。通りニワの吹き抜け部分以外に調理場所を設定したり、強い火を使って調理する場合など、表面を不燃材で覆っていても、内側の木部がしだいに炭化することで、炭火のように内部に火をもった状態になり、店を閉じたあとでそこから炎が上がる危険性があるからだ。

―町家と構造計算―

ところで、実際に再生する現場に関わっていると、行政の指導の中で構造計算が求められる場合が出てくる。町家にとって、工学的な構造計算をどう捉えればいいのだろうか。

◇潜熱蓄熱（せんねっちくねつ）
融解熱や気化熱など、物質の状態変化のためだけに費やされる熱を潜熱といい、これを利用して蓄熱する方法を潜熱蓄熱という。

◇構造計算（こうぞうけいさん）
建物を設計する際に、自重や積載荷重、風圧、地震などの外力による構造物の応力や変異を数値で計算すること。

安心と安全

よく「安心安全」とひと括《くく》りにいわれるが、安心と安全は全く違った内容である。ひと言でいえば、安心とは「思い込み」で心理的なもの。安全とは人間が自然の一部である限り自然を支配することはできないので、「究極の安全はあり得ない」ということになり、通常求められる安全とは、物理的な事や社会の約束事の世界の話だ。ただこの二つは関係が深いので、「安心安全」とひと括りにいわれている。「ここまで安全なようにされているから、安心だと思い込める」というように。

安全の中で、「交通信号を守っているから、ここを歩いても安全」という社会的な安全はさておき、建築に直接関わる地震に対する安全性を考えると、まず第一に地震のエネルギーというのは、私たちが建築で扱う力とは比べものにならない、とてつもない大きな力だということがいえる。地震の規模はマグニチュード○○と表わされるが、マグニチュードが1違うと、32倍のエネルギーの違いとなる。マグニチュードが2違うと、1000倍の違いがあるわけだ（32×32＝1024）。例えば、つい最近の令和3年（2021）の東北地方に起こった地震がマグニチュード7、平成23年（2011）の東北地方太平洋沖地震（東日本大震災）はマグニチュード9（これは巨大地震）では、後者の地震のエネルギーの方が1000倍大きいということになる。このような地震を起こすエネルギーが多様なことに加え、地震がどこで起こるか、どう伝わるか、どんな波で建物を揺するかということが、建物にどんな影響があるかという要因になってくる。直下型だった阪神・淡路大震災（平成7年・1995、マグニチュード7・3）の1000倍近いエネルギーの地震が起こる可能性も（実際に起きているので）ある。これに対抗する建物となれば、形状としても、それを作る費用を考えても、実際に実現できるようなものにはならないので、これは「ないもの」として安全を考えているのが現状だ。

地震の起こる場所も、「活断層の上」が危ないといわれているが、例えば平成12年（２０００）の鳥取西部地震（マグニチュード７・３）は活断層のないところで起こり、しかも断層のずれが地表には出てこない地震だった。そうなると、地震は「どこで起こっても不思議はない」ということになる。京都でも、花折《はなおれ》断層がよく知られているが、それ以外でも起こる可能性はあるということだ。

そんな日本列島で生活をする日本人は、過去、何度も地震の被害に遭ってきた。「昔の人間は過去の経験を大切に保存し蓄積してその教えに頼ることがはなはだ忠実であった。過去の地震や風害に堪えたような場所にのみ集落を保存し、時の試練に堪えたような建築様式のみを墨守してきた」（寺田寅彦著　山折哲雄編『天災と日本人　寺田寅彦随筆選』）と寺田寅彦が書いているように、歴史的に長く生活している場所というのは、比較的安全な場所ではある。京都は長らく都が置かれていた場所なので、地震の発生も比較的少なかったはずだ。また建築様式でいうと、京町家は約１０００年の歴史があるが、その間に構造は大きな変化を遂げている。Ｐ47でも触れているが、例えば、慶長伏見の大地震（慶長元年・１５９６）により、それまで掘立であった柱が礎石の上に載せる形に変化している。現在ある形は１０００年の時をかけて、地震に対応するように洗練されてきた完成形だと考えられる。ただし、これが正解だというわけではない。計り知れない自然の力を相手に、失敗を繰り返しながらその

◇『天災と日本人　寺田寅彦随筆選』（２０１１年・角川文庫）
災害への備えの大切さや日本人の自然観、政治と科学の役割など、寺田寅彦の随筆集。地震列島に暮らす日本においてどのように自然と向き合うべきか、多くの示唆を与えてくれる一冊。編者は山折哲雄。

◇寺田寅彦（てらだとらひこ　１８７８〜１９３５）
物理学者、随筆家。東京生まれ。地球物理学、地震学、気象学などの研究に従事。また、夏目漱石に師事し、俳句や写生文を『ホトトギス』に発表。のちに科学随筆を多く執筆する。

都度工夫してきた、その結果の積み重ねの形にすぎないのだ。

町家と建築基準法

第二次世界大戦後、焼け野原になった都会に、とりあえず大量の住宅を建てる必要があった。その時に建物を建てる最低限の基準として制定されたのが昭和25年（1950）の「建築基準法」（P39参照）である。そこでは、伝統的な建て方（伝統木造構法P69参照）を廃して、西洋世界の論理性のある方法として、柱と梁の間に斜めに部材を入れ、「三角形の面を作れば動かない」ということで基礎と建物を緊結し、筋交いを入れた面で構成する建て方（在来軸組工法 P68参照）を基準とした。それまでの町家の、建物全体を石の上に置くだけで、しかも柱と梁の水平垂直材だけで構成していた建て方を一新したことになる。地震に対して揺れながら部材の接合部分でのめり込みで地震力を「逃がす」というやり方から、建物は地面とともに動いても、それに「対抗する」建物を作ればいいということになったわけだ。制定当時でも、地震のない西洋の考え方を取り入れることに危惧《きぐ》を覚えていた人も結構いたようだが、結局そのあとの建物はこの方向で作られるようになり、今に至る。

そうなると、町家は新しい基準に合っていない建物として、「壊すべきもの」という位置づけになるが、そのまま住宅として使う分には、次に建て替える時期までは見逃そうと、先程触れたように既存不適格建物と呼ばれるようになった。

もう一つ、現在の基準で決められている構造計算での強度には、「時間」という概念が織り込まれていない。すなわち、建てる当初は確かにその強度を持っているが、

100年後どんな強度なのか、ということは問われていないのだ。その点、現在ある町家はすでに平均100年強は経っている。100年は持つことが証明されているようなものだ。ゆえに、現在の構造計算（特に町家の構造計算）で、この計算の裏付けがあるから、この建物は地震に遭っても大丈夫なんだ、これがたった一つの正解なんだ、と考えるのは、危険をはらんでいる。そればかりか、簡易な方法で（といっても木造の構造は複雑で一筋縄ではいかないが）構造計算をする際にはある仮定の下で計算をするために、計算が成り立つための、いわばつじつま合わせのために、その建物を不健全にしている部分もある。例えば、柔らかく変形しやすいことで成り立っている町家の建物の一部に、固いコンクリートに緊結された部材を求めたり、◇仕口金物を要求したり（阪神・淡路大震災では、金物で固定された木造建築が、金物をとめているボルトのところで木材が裂けて壊れていた）、多くの構造壁を付けるよう指導されたりする。また一方では、計算の際に60センチメートル以下の幅の壁は無視され、垂れ壁も計算に入れることはできない。実際にはそれらも効果的に働いているはずだが、幅60センチメートル以上の上から下まで開口のない壁のみを、「壁」として計算に入れることになっている。安全側に計算されることにはなるが、出てきた結果を見ると、「こんなにたくさん壁を入れないと、本当に持たないのか？」と違和感を覚えてしまう。町家の建てられた当初からある壁の配置が正しいとは言い切れないが、少なくとも100年は持っている建物であり、大きく間

◇仕口金物（しぐちかなもの）
仕口部分を補強するための金物。

違っていないことは歴史が証明している。もとの構造を健全な形で復元することの方が自然なように思うのだが。

町家の改修構造設計

第2章でも述べたように、町家は垂直の柱と水平の梁、鴨居や敷居、それに壁の中に仕込まれる水平材の貫など、基本的には水平、垂直材のみで作られている。そして、壁は縦横に編まれた竹小舞の上に土を何層にも塗り固めてある。これらがひとつ石と呼ばれる石の上や葛石と呼ばれる石の上に載せてある。これが町家の基本の構造だ。

私が実際に改修構造設計する場合は、主に二階建の一階部分について、できれば外の壁の隅に、間口方向も奥行方向も壁を付ける（これは、町家に限ったことではないが）。特に間口方向は壁の量が少ないのが常なので、たとえ60センチメートル以下の幅でも壁を付ける。二階に重量物を置く場合（本棚がぎっしりとか）の下の梁は、垂れ壁を利用し、梁成を大きくしてたわみを防ぐ。どうしても柱の間が飛んでしまう時には、鴨居の高さを大きくして対応する。重心と剛心（重さの中心と、地震力を受ける強さの中心）が離れすぎないように壁の配置のバランスをとる。二階床のある程度の水平剛性を高める。屋根は軽量化のため、できれば土葺き瓦屋根から引っ掛け桟瓦（または金属板葺き）に替える。これらのことを頭に置いて構造の改修設計を進めていくが、さらにその安全性を確認すべく、限界耐力による構造計算（従来の許容応力度計算よりは伝統構法の良さを引き出せる構造計算法）などを参考にするというやり方をしている。

町家という大先輩

繰り返しになるが、自然災害の予防、特に地震に対しての予防策として建築構造ができることは限られている。工学で厳密に計算されたとしても、自然素材を相手に、現場でその都度組み立てられる町家は、素材を見る目を持った大工がしっかりとした技術で組み立てる場合と、素材の良さが見抜けない大工が浅い技術で組み立てる場合では、地震対応力にも相当な差ができてしまうだろう。また、この先工学自体が進歩して、さらに現実の建物の挙動に忠実に計算ができるようになれば、結果も評価も違ってくるはずだ。工学に身を置いている限りは、「安全性の基準も変わる可能性がある」ということを常に意識していなくてはならない。

変わらないもの、もっと確かなものは、長い歴史の中で蓄えらえた知恵であり、伝承であり、文化だろう。町家の改修の場合、建物自体が教えてくれる事柄が第一だが、建物の発している声をよく聞かずに、その時々の「思いつき」で手を入れてしまうと、町家の良さも構造の安全性も壊すことになる。また、構造計算にのみ当てはめて直すというのも、ある意味、町家の良さを生かせないことになりかねない。

長い歴史の中で繰り返し作られてきたものには、その中に「本物」が詰まっている。常に本物が詰まっている町家を相手にして真剣勝負に挑んでいる大工・左官などの職人、彼らが直観的に処理する方法こそが、実は「本物」なのだろうと私は思っている。町家の奥深さに圧倒されつつも畏敬の念を持ち、町家という大先達に教えを請いながら、一つひとつの納まりを決め、間取りや壁の変更を慎重に吟味していく。その過程で、まだ進歩の余地のある（言い換えると未熟な）構造計算を試みてチェックしてみる。これが、自然災害の予防についての町家における工学の位置づけなのだと思う。

柱がまっすぐになった

町家の始まりから考えれば、平安期まで遡ってゆうに1000年を超える、連綿と続く歴史がある。建築基準法も何もない時代に、作る人間は、それこそ命がけで試行錯誤を繰り返し、できてきたのが今ある形であり、現在建っている構造体である。木や竹や土という自然物を組み合わせて作る建物は、一つの生命体のように複雑で巧妙な仕組みでできている。そして、町家の全体を把握するには、生命体の全体を摑み取るのに似て、直感でしか分からない。

以前、大正3年（1914）築の郊外型町家の改修工事をした時のこと。例によって建物は少々傾いており、部分的に柱が下がっているところもあった。傷んでいた柱の足元をきれいに根継して、高さも一本一本調節して（柱ごとに基礎の石があるので、別々に調節できる）、上の梁を水平にした。そうして建物の傾きを直したのだが、どうしても一本の柱が傾いたままで直らない。仕方がないのでそのままにして工事を進めていたが、数か月後、気がついたらその柱がまっすぐに立っているではないか！　100年を超える木の柱が、100年以上前に成形されて柱という役割を与えられた木が、長い年月の間に変形してしまったが、しかし、そのひずみを取り払ってやると、強い体幹を持った人に似て自らまっすぐに戻り、けなげにもその役割を果たし続けようとしている。その姿を目の当たりにした時の驚き。初め見た時は目を疑った。確かこの柱、傾いていたはずなのに……。周りの柱が垂直になり、上の梁も水平に戻ったら、その柱も周りに合わせるように自主的に垂直になってくれたのだ。やっぱり、金物を使わないで組んだ木組はすごい。こんなこと、構造計算のどこにも表せない。水平、垂直がちゃんと直ると、家は見違えるようにシャンとなった。

―変化してきた設備と現代生活への対応―

改修する町家について、建てられた当時と比べてみた時に、一番激しく変化してきたのは設備だろう。井戸の水から整備された上下水になり、おくどさんからガスの炊事に変わり、天窓の光だったものがさまざまな照明器具が使われるようになった。

水や炊事の火、照明の調節も以前よりはずっと簡単にできるようになった。しかし、それぞれの設備は、都市単位の組織的なエネルギー使用が必要なものだ。そこで私は、時代の先端の設備をそのまま取り入れるだけでなく、町家の特徴を生かしたエコロジカルな設備の提案をしている。

井戸とおくどさんの復元

まずは町家の三点セットである井戸、おくどさん、天窓の復活だ。これらがあれば、万が一、大きな災害などですべてが遮断された場合、井戸により最低限の水の確保、おくどさんの火の使用、吹き抜けの天窓による明るさが確保できる。普段の生活が続けられるわけだ。最近、大都市の住宅やタワーマンションで、大きな台風や地震の被害に遭った時に大変不自由することが多いと聞くが、このバックアップの安心感は大きいのではないだろうか。

井戸の復活については、その建物の建っている場所による。もともと京都は地下に琵琶湖に匹敵するぐらいの大きな水がめがあり、各家庭で井戸を使っていた。地下鉄工事や、近くの背の高いビルの基礎などにより、以前あった「水みち」が途切れている場合がある（その時も深く掘れば出るはずだが）が、うまくいくと8メートルぐらいまで掘れば水があり、井戸が使えるようになる。昔なら滑車と釣瓶《つるべ》で水を汲んでいたわけだが、現代の主流は揚水《ようすい》ポンプでの汲み上げになる。もちろん、手押しポンプでもOKだ。

今の揚水ポンプは使いやすくなっていて、必ずしも井戸の真上に設置する必要はなく、配管だけを井戸から上げて床下を這《は》わせ、離れた庭にポンプを設置すればいい。でき上がって栓をひねるとポンプが始動して、きれいな水が勢い良く出てくる。もちろん、これを飲料水に使うためには、保健所の検査を受けてOKをもらわないとならないが、飲料以外にも水の使い道は多くある。庭の散水をはじめ、緊急時の消火用の水、水洗トイレの水、いろいろと洗うのに使う水、スイカやビールなどを冷やす水……。何より、自前で水が確保されているという安心感がある。井戸の痕跡が残っていれば、ぜひトライしてみたい。

一番難しいのは、おくどさんの復活だ。大規模改修の場合などは消防との協議が必要で、安全性の確保を認めてもらえれば使うことができるが、まずは近所の

住人に煙突から煙が出ることを了解してもらうことが大切だ。これは薪ストーブやペレットストーブ（P164参照）の設置でも同様である。ところで、おくどさんは誰が作るのかというと、左官◇が作る。耐火レンガを積み、土を固めて形を作り、仕上げに黒漆喰を塗る。または仕上げにタイルを貼って仕上げる。京都にはまだこの技術を持った職人さんがおり、鋳物の焚口《たきぐち》の蓋や、薪を燃やす簀《す》の子《こ》（下に灰が落ちる）、釜を受ける金具、おくどさん用のタイルなども市販されている。家の中で薪をくべてナマの火で調理するわけで、煙突を建てて煙を逃がすのだが、その煙突も高温になる。特に屋根を貫通する部分などの断熱処理は大切になってくる。

天窓の工夫

天窓は、特に奥まったところ、暗いところには非常に効果的なので、細長い町家にはどうしても使いたくなる。屋根から光を取り込むので、天窓用のアルミサッシかガラス瓦を使うことになる。通常は直射日光が入らないように北面の流れの屋根に付けるが、これを積極的に利用して、直射日光が入る位置に作るという方法もある。夏の昼は遮熱シートで閉じて、夜はシートを開けて天窓からの放射冷却◇を取り込む。冬は逆に、昼は開けておいて太陽熱を取り込み、夜は閉めて室内の温度が下がらないようにするというものだ。

　このように天窓は、もともとあった通りニワの吹き抜けを復元して、その屋根部分に設置するの

◇左官（さかん）
壁塗り職人のこと。壁大工とも。

◇放射冷却（ほうしゃれいきゃく）
夜間に、地表面が上空の熱放射によって冷却する現象のこと。

が基本だが、二階建ての町家の場合、一階の中央部分が自然光が届きにくいので暗く、ここを何とか改善したいと工夫することになる。まず、二階の中央部分を吹き抜け空間にして大屋根に天窓を作り、一階の中央部分に光を届ける方法がある。これで相当明るくなるのだが、冬の暖房が問題になる。これは通りニワを吹き抜けに復元した時にも起こる問題で、通常のストーブやエアコンの暖房では暖かい空気が吹き抜けからどんどん上へ逃げて、一階が暖まりにくくなる。これを避けるには、二階床の高さで可動式の仕切り（光は通すようにするため、例えばポリカーボネートの建具を横に使う）を付けて、冬の間は閉じておく。これは結構効果がある。もう一つ、床に暖房を入れてしまうという方法もある。これは織屋建て◇で奥の吹き抜け空間をリビングとして使う時にも非常に有効な方法だ。床暖房は、直接は座っているお尻の部分が暖かいだけだが、暖かい床全体が輻射◇暖房になり、周りの空気が冷たくても結構暖かく感じるため心地良い。吹き抜けに天窓を作る時には、この暖房のこともセットで考えないと冬の日常がつらくなる。

　一階を明るくする方法としては、二階の中央部分に「光のダクト」を通すことで、大屋根の天窓の光を一階中央の天井に届ける方法もある。二階の押し入れなどがうまく使えると、上から下までの箱状のダクトが気にならずに一階に光が届けられる。これが叶わない時は、ダクトの途中、二階部分に障子を入れて、二階にも光を分けてから一階に落とす。こうすれば、二階に邪魔なダクトがあることが逆に有効に使える。また、郊外タイプなどでは、下屋根につけた天窓から入れた光を奥の暗い部屋に持っていく際に、鏡の反射を利用して横向きの光ダクトを天井内に作り、奥へ

◇織屋建て（おりやだて）
織物製造を業とする家に見られる町家の様式。大型の機織り機を使うため、奥の方で広い土間と吹き抜けの高い空間が設けられている。

◇輻射（ふくしゃ）
車の輻（や）のように、一点から周囲に放出・伝達すること。放射。

届けるという方法も考えられる。

炭のチカラ

このように井戸、おくどさん、天窓が本格的に復活できない場合には、現代の設備を利用したものを提案している。それは、天窓は必要個所に設置する、井戸は復活させるが揚水ポンプで使う、おくどさんの代わりにお湯を沸かせるタイプのペレットストーブ（P164参照）を導入する、そして、井戸のポンプの電源とペレットストーブの電源をオフグリッド◇の太陽光発電＋蓄電池のシステムから供給する、というものだ。これにより、万が一インフラが遮断されても、水と火と光が確保されることになる。

さらに、そこまで大規模にはできないという時は、炭を使うという提案をしている。炭の火も遠赤外線で輻射熱による調理ができるので、調理したものがおいしくいただける。それればかりではない。炭の火は人を惹き付け、団らんの中心になり、冬は小さな火でも輻射暖房で結構暖かい。炭を使う場合、注意すべきは空気の流通である。気密性の高い建物では一酸化炭素中毒の危険性がある。昔ながらの町家の場合は気にしなくてもまず大丈夫ではあるが、冷暖房効率を上げるために改修し、気密性を確保してしまうと怖いことになる。

一番小さい炭火の活用は、火鉢を使うことである。炭を熾す技術を会得する（そんなたいそうなことではない）必要があるが、火鉢一つでいろいろな発見がある。以前、この炭火の良さを知ってもらおうと、当時借りて事務所にしていた長屋のテー

◇オフグリッド（off-grid）
公共の電力網に接続されていない状態のこと。

ブルに、四角の炉を切ったものを作り、打ち合わせなどで使っていた。そのうち、皆に「囲炉裏庵」と親しまれるようになり、「炭火でちょっと干物でも炙って一杯やろう」と、本格的に鍋料理などもたびたび楽しむようになった。この長屋を事務所にしていた10年弱の間、テーブルを囲んだ人数を数えてみたら、何と延べ８００人もの人が来ていた。炭の人を集める力と料理をおいしくする力は証明できたようなものだ。

暑さ寒さをしのぐ知恵

冷暖房については、先でも触れたように、再生工事をする時に天井裏と床下に断熱材を敷き込むと、夏の暑さ、冬の寒さもうんと抑えられる。その上に、夏は調湿と通風ができれば尚良しだ。もちろん、本来の町家を構成している無垢の木を使い、土壁を塗り、襖や障子に和紙を貼り、畳を敷くなどしていれば、これらはすべて調湿機能を持った素材であるため、あとは通風にさえ気をつけていれば夏も十分快適なはずである。冬の暖房についても空気を暖めるのではなく、床暖房や火鉢などの輻射暖房を取り入れつつ、縁側の内外の建具を閉じて動かない空気の層を作って断熱層の役割をさせ、太陽の光をできるだけ取り込む工夫をすれば、エアコンをガンガンつけるという状態でなくても過ご

◇囲炉裏庵（いろりあん）
著者が事務所として借りていた長屋の呼称。炭火の良さをアピールするために、1.3メートル角のテーブルの中央に、30センチメートル角の炉を切ったものを置き、そのテーブルで接客や打ち合わせなどをしていた。

せるだろう。町家には内と外を緩やかにつないでいる空間が各所にあるので、それをうまく調節していくことで厳しい季節も乗り切れるはずだ。実際に再生した町家にお住まいの方からも、「暑い寒いはもっと厳しいと思っていたが、これなら前に住んでいたマンションよりも快適だ」という感想をたびたび聞かせてもらっている。それでも、昨今の異常気象に備えてエアコンを取り付けることは多いのだが、あくまでも緊急避難の時の補助的なものという位置づけにすぎない。

天井を張らずに梁を見せる

町家の畳の大きさは、六尺三寸×三尺一寸五分（京間）と決まっている。それによる部屋の大きさ、決まった開口部の高さ（五尺七寸）、部屋の大きさに合わせた開口部の上の小壁の高さとが美しいプロポーションを形作り、美意識の根幹をなす。しかし、生活が椅子式に変化し、また背の高い人が増えている昨今では、町家の天井は低く感じられるかもしれない。

町家は基本、畳敷きの和室で構成されているので、椅子と机の生活にする場合は、板敷きにならざるを得ない。当然、椅子に座ると通常では天井が低く感じられ圧迫感をもたらすわけだが、町家には通りニワの上に吹き抜け空間が存在し、織屋建てという形式の町家では、奥に天井を張らない背の高い空間もある。たとえ、これらの空間を持たない町家だとしても、二階の部屋の天井を張らず

にダイナミックな梁組を見せるようにすれば、他の部屋が椅子に座ると天井が低いこともそんなに気にならなくなるはずだ。これは、椅子式の生活を容認した上での一つの解決策になると思う。その時も、すべてを板敷きに替えて椅子式にするのではなく、できれば畳敷きの座敷や床の間は残しておきたい。

風を通すことを意識する

さらに、町家再生を考える時に常に意識されなければならないのが、「風を通すこと」である。特に一階玄関から、通りニワの吹き抜けの上へと抜けるようにすることが大切で、各階でも長い建物の中を風が通るように考える必要がある。また床下の換気も確保する。特に風呂やトイレは母屋とは別棟で作られているのが本来の建て方なので、そこに基礎を作って囲う場合も出てくるが、その時は床下換気扇を設置するなどして、とにかく換気には注意を払う必要がある。

エアコンを設置する場合でも、先述したように補助的な設備という位置づけで、できるだけ風を通すことを考えるのが基本になる。立体的に北の低い位置から南の高い位置に風が流れるように考えるのが自然に沿った考え方だが、風の入口と出口の2か所を常に意識して計画することが大切だ。

そして、夏の暑さに対して「涼しい」と感じるのは、実は「瞬間」の涼しい風の流れなので、「涼しい空気をどう取り入れるか」を考えればいい。北側の窓から放射冷却を取り入れる方法も非常に効果的である。この時、北側に庭なり外部の公園などの緑があると、さらに涼しい空気が取り込める。樹木の蒸散による冷房効果は、侮れないほど大きい。暑い盛りでも、林の中に入るとひんやりと涼しい風が吹き抜けるが、これは直射日光を遮ってくれているのと同時に、木々の葉から水分が蒸散して、その際に気化熱で温度を下げる効果が大きいからだ。私の住んでいる昭和初期の家も、一階の玄関が北側の庭に面しており、真夏の暑い盛り、他の部屋は35度ぐらいでも、この部屋の日の出頃の最低気温は27度ぐらい、しかも涼しい風が庭から吹いてくるので、体感温度はもっと涼やかだ。エアコンはもともと設置していないが、何の問題もなく機嫌良く眠れる。反対に、冬には太陽熱をうまく部屋の中に取り込むことを考えればいい。伝統的な手法としては、南に面した開口部の上に、深い庇をつけると効果的だ（これにより、夏には直射日光を遮り、冬には部屋の中にまで太陽熱を取り込む）。

こうした計画上の工夫で何とかやり過ごすという態度が、町家暮らしの基本にある。「自然の力をうまく受け止めて横に流す」。この感覚が、暑さ寒さにも、天候の変化にも、地震に向き合う時にも、基本姿勢となる。

バリアフリーと元気な高齢者

「バリアフリー」といわれる考え方がある。世の中からバリアーをなくして、誰もが快適に過ごせるようにしよう、というものだ。建物にも採用されていて、特に公共性のある建物には「バリアフリー法」という法律に適合することが求められる。この考えの理想は、建物の内でも外でも、町じゅうどこまでも平滑な段差のない世界に統一することだろう。それに合わせて、住宅でもバリアフリー住宅というものが作られている。これは、家の中の段差をなくし、固い平滑な床で構成しようというものだ。主に車椅子のように、家の中で車輪のついたものが自由に行き来することを目的としているが、家を作る側からすると、床に少しの段差もつけないというのは、仕上げ材がいろいろと変わるところでは極端に難しくなる。風呂場の床の排水の問題も難しい。暮らす側はというと、平滑な床に慣れてしまうと、段差といえないぐらいの少しの段差でもつまずきやすくなるだろう。また、固い床は歩く時に足の関節に衝撃がかかり、膝を痛める原因にもなりかねない。もっとも、今の人たちは固く平滑な床に慣れているらしく、「柔らかい畳の床（足の関節は痛めにくい）だと、ふわふわして怖いと不安がる」という話を聞いて驚いた。

もちろん、車椅子生活を余儀なくされてしまったら、それに対応して直すことになる。しかしそうではない場合、もともとの日本の風土の中で培われてきた「地面からある程度高く床を作って、雨水や湿気から建物を守り、床下に風を通して構造体の材木が傷まないようにする」という作法があり、それに合わせて「土間から靴を脱いで上がる」という生活が理に適っているはずだ。車椅子という一つの方法に建物を合わせよう（長い建築の歴史が培った知恵を無視して）となれば、無理が生じて建物の寿命を縮めてしまうことになる。すでに段差を克服する車椅子もできているという話もあり、さらに身体機能を補助する装着型のロボットなども今後は出てくるだろう。やはり基本は、自然に対抗するのではなく、「対応する方法」なのだろうと思う。

長い歴史を持つお寺や神社は、平地であっても、入口のところで階段があり段差がある。これらは、この前の津波もそうだが、洪水にも自然災害にも対応できるように、少し高い土地に作られているものも多く、山の上にあることも多い。また、「聖なる場は高いところにある」という意識もある。いずれにせよ、ありがたいお寺や神社へお参りするのは、階段を上らないと行けないことが多い。そして、それらのところをありがたく思って「行かねば」と思うのは、足腰を相当使い込んだ高齢者、と相場が決まっている。バリアフリーの思想からすると、全く矛盾している。やはりバリアフリーという考え方は、部分的、限定的な考え方だと思うのだが、それを法律は一律に押し付けてくる。法律を守ったら足腰が弱り、医療や福祉のお世話になる生活が待っている、ということになりかねない。

―自然素材の新しい使い方―

町家の再生を考える際、伝統的に使われてきたものではないが、自然素材を利用した町家にもふさわしいと思えるものがいくつかある。室内の環境を整える材料としては藁のブロック「ストローベイル」が、また設備としては木を燃料とする「ペレットストーブ」がある。そのほか、紙の新しい使い方や、これからの開発が待たれる分野についても少し触れておきたい。

ストローベイル

ストローベイルというのは、藁をブロック状に固めたものである。サイロ◇に入れる干し草を、「ベイラー」という機械でロール状にしている光景をよく写真などで見るが、あのベイラーの別の種類の機械で藁をブロック状にしたものがストローベイルだ。奥行き40センチメートル、高さ30センチメートル、幅90センチメートルぐらいの藁ブロックを積み上げて壁を作る。外国ではこれを構造体にして、次頁のイラストのようなストローベイルハウスを建てることもあるようだが、日本では建築基準法もあり、構造体とは別物の内装材として積み上げて活用している。

これの優れているところは、断熱性能が高いことだ。例えば外気温が5度の時でも内部は16度程で、外気温が40度の時でも内部は24度ぐらいである。その上、湿度の調節力もあり、防音効果も高い。何より材料が1年経てばできてくる藁であり（P96参照）、最後には土に還ってくれる。積み上げるのに特別な機械も技術もいらず、コ

◇サイロ（silo）
牧草などの家畜飼料を貯蔵する倉庫。穀物やセメント、肥料などの倉庫についてもいう。

ツをつかめば素人でも施工できる。ただ、分厚い壁になるので、両側に積むと90センチメートルぐらい部屋が狭くなる。

十数年前、西陣地区で近隣から機織り機の音が聞こえる町家でこれを初めて採用したが、仕上げの土塗りは、お施主さんも含めて皆で手でこすり上げて塗り、最後だけ左官の手を借りた。でき上がってみて驚いたのは、まず、隣の家の機織りの音が気にならなくなったこと。そして、空気が神社を囲む鎮守の森のように清浄に感じられたことだ。夏でも適度にひんやりとしていて快適だった。空間に余裕があれば、ぜひ使っていきたい素材である。

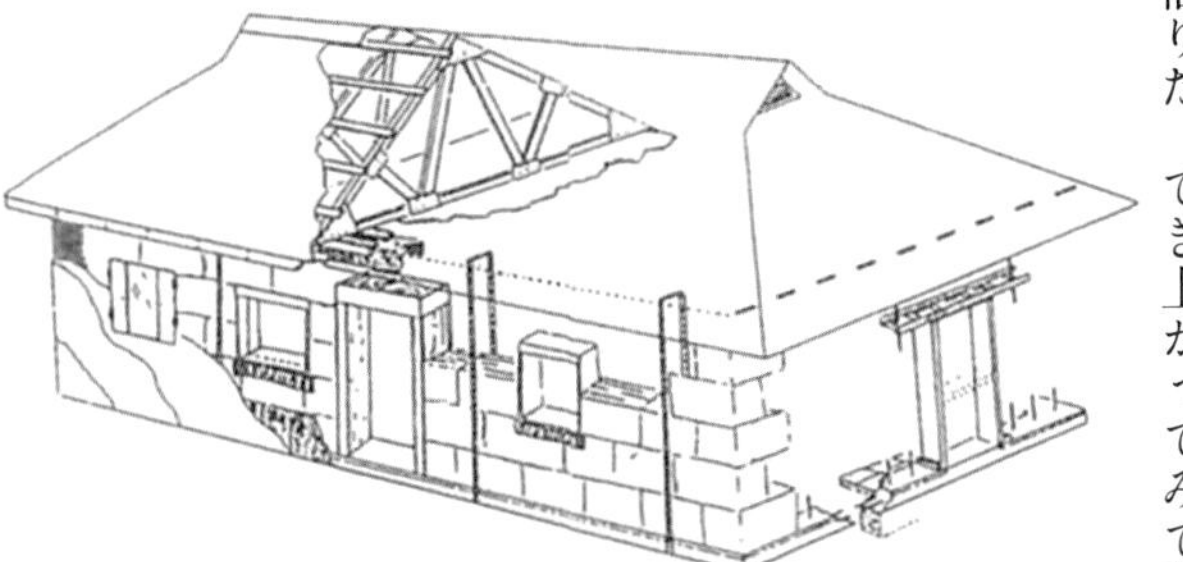

ストローベイルによる伝統的構法。ストローベイルを積み上げて表面に土を塗り、屋根は木の架構で構成する。(『草のちから 藁の家』より)

和紙のスクリーン

　ではここで、伝統建築の間仕切りについて少し考えてみたい。間仕切りに関しては、日本人は古くから「あいまいなもの」を良しとしていたように思う。例えば、『徒然草』の第十段では、「……わざとならぬ庭の草も心あるさまに、簀子、透垣《すいがい》のたよりをかしく……」とあり、「簀の子縁や透き垣が趣があっていい」と評価されている。「透垣」は隙間のある垣で、竹や板を少し隙間が開くように張る。一応視線は遮るが、近くに寄って隙間から中を見ることができる。空間の連続性と遮蔽《へいしゃ》性を微妙に併せ持つ間仕切りといえるだろう。現代でも、間仕切りに障子や襖を使うと、閉め切ってしまえば独立した部屋になり（空気の流通はあるので、音は聞こえる）、開ければ連続した空間を作ることができる。また、中途半端に開けることもでき、そうすれば一応区切りはあるが、連続している。さらに障子や襖は簡単に取り外しができるので、外してしまえば完全に連続した空間が出現する。

　このように、古来、日本建築の間仕切りは、開ける閉めるのオンオフだけではなく、開けると閉めるとの間を連続して調節している。襖や障子で間仕切りをすれば、全部閉めてもわずかにつながっているし、「少しだけ開ける」という芸当も簡単にできる。もちろん一応の区切りとしての役割にもなる。

　この考え方の延長線上にあるのが、建具の枠も外し

◇『徒然草』（つれづれぐさ）
鎌倉時代の随筆。2巻。著者である兼好法師の随想や見聞などを書き記したもの。無常観に基づく人生観や世相観、風雅思想などがみられ、『枕草子』と並ぶ随筆文学の傑作といわれる。

◇簀の子縁（すのこえん）
元来は建物外周に作った濡れ縁のことを指し、寝殿造りの一要素。現在では、建物と外部との間の濡れ縁のことをいい、厚板を建物と直角方向に張っているもの。

て、「和紙一枚を吊るす」という方法である。京都には、丈夫で美しい大きな紙（標準で高さ2・1メートル、幅2・7メートル）を漉いている人がいて、この紙を空間の仕切りとして吊るせば、兼好法師が『徒然草』で書いている「透垣」と同様の効果が得られる。これを吊るすと、衝立《ついたて》よりは閉鎖性が高く、そのくせ空気は行き来するので連続性もある。そして何よりも美しい。表面で反射する光で見る表情と、透過する光で見る表情とがガラッと変わり楽しめる。また、太陽光が射し込むところでは、紙に光が当たると、その光と影の移動により、時間の経過が目で確かめられる。紙一枚を吊るすことにより、あいまいな間仕切りの妙と紙の持つ美しさを、同時に味わうことができる。

ペレットストーブ

設備系で町家に設置してもふさわしいものとしては、ペレットストーブがある。ペレットストーブとは、細かく粉砕した木片をさらに粒状にした「ペレット」を燃料とするストーブである。

ペレットストーブをちゃんと意識したのは、東日本大震災のあとだった。その頃ちょっとしたきっかけで、ペレットストーブのメーカーの一つである、「さいかい産業」（新潟市）との付き合いができた。話を聞いてみると、ここでは被災地用に調理もできるタイプの小型版を作って何十台も設置するとのこと。費用はミュージシャンの坂本龍一さんのやっている「モア・トゥリーズ」で寄附を募ってまかなうらしかった。これと同時に、移動式のペレット製造プラントを持ち込んで、間伐材や製材時に発生

◇さいかい産業（さいかいさんぎょう）
ペレットストーブを製造する会社。現在は、新潟県燕市の株式会社新越ワークス・エネルギー事業部にその業務が引き継がれている。

◇坂本龍一（さかもとりゅういち　1952〜2023）
作曲家、ピアニスト、音楽プロデューサーなど。1978年に音楽グループ「YELLOW MAGIC ORCHESTRA（YMO）」を結成。『戦場のメリークリスマス』や『ラストエンペラー』など、多数の映画音楽を手掛けたことでも知られる。2007年に森林保全団体「more trees（モア・トゥリーズ）を創設し、都市と森をつなぐための活動にも取り組んだ。

する端材でペレットを製造し、設置されたペレットストーブの熱源として供給するという。それによって、被災地の地域の中だけで製造、供給が可能になり、雇用も少しではあるが創出され、一時的でない復興支援になるとのことだった。

ペレットストーブのいいところは、炎が見えること、操作が簡単で誰でも安全に火の調節ができること、調理もできるタイプもあること、薪ストーブと同じように輻射暖房であること、そしてペレットが材料の木以外に何も加えていないことなどである。ペレットは粉砕した木片の水分量を調節して固めるだけでできており、成形を担っている成分は、木の中に含まれるリグニン◇らしい。ペレット自体は小さなつぶつぶで、袋に入って売っているので扱いも簡単だ。例えば薪ストーブの場合だと、燃料になる木を薪の長さに玉切りにし、大きいものは機械で、小さいものであれば斧《おの》で割ってから、束ねて乾燥させ、かなり大量にストックしておかなければならない。したがって、薪ストーブを使う場合は、近くに薪になる木が手に入る里山があること、それを定期的に薪に加工する労力が確保できること、薪の束をストックする場所があることが条件となる。これがペレットであれば、袋入りのつぶつぶなので問題にならないほど楽なのだ。日常的に薪の調達をするのが難しい都会では、うってつけの暖房器具である。ただし、商品として流通しているペレットを購入しなければならず、普通に使うとガスや電気での暖房よりも少々高くつく。欲をいえ

◇リグニン（lignin）
維管束植物の細胞壁に堆積して木質化を起こし、植物体を強固にする高分子化合物。粘着剤などに利用される。

ば、少量のペレットを簡単に作れる家庭用の機械があれば、申し分ないのだが……。

それでも、ペレットストーブを設置していると、炎が揺らめく様子が見えて気分がゆったりしてくる。スイッチ一つで着火も消火もでき、煙もほとんどなく、暖かい空気がぼわっと出てすぐに暖かくなる。そして、間伐材や木くずを有効に使えるので、微力ながら周辺の林業の支えにもなる。

周りにある自然の力を利用する

最後に、まだまだこれから開発される分野ではあるが、例えば井戸の水が出ないところでは、雨の水をタンクに貯めて庭の散水や蹲踞◇に流す懸樋の水に利用できるといい。また、小川の流れ＋スクリュー型小型発電機、樋の水＋自転車のダイナモ◇など、小さな流れで小電力を発電できるようになるのもいいと思う。小川の流れは、まず発電用の流れではないということで許可が下りないだろうし、樋の水では雨がよく降った時に豆電球が点灯する程度にしかならないが、実際に試してみると楽しく、わずかでも希望が見える気がする。

ほかにも、家庭用風力発電として、弱い風でも発電できるようになると、これも有力な設備になりそうだ。また、熱源として利用しているガスから水素を分離して空気中の酸素と反応させて電気を作り、発電時の排熱はお湯を沸かすのに利用する（エネファーム）、家庭用水素発電も検討してもいいかもしれない。また、一般的に普及しているものは太陽光発電だが（景観保全のためにできない地域もある）、太陽熱温水器も直接太陽の熱でお湯を作れるので、電気エネルギーに頼らなくても給湯

◇蹲踞（つくばい）
茶室の庭先に備えられた手水鉢（ちょうずばち）。低く据えられた手水鉢で手を洗う際に、客がつくばうことからいう。

◇ダイナモ（Dynamo）
発電機。または直流発電機のこと。

ができる。こうした、大掛かりではなく個別に各家庭で利用できる装置の開発が、待たれるところである。

「おおきに迎賓館」を手掛けて

その建物は、中立売通黒門角にある大型の町家だった。棟札から明治32年（1899）に建てられたものと分かるが、敷地の南東角にある蔵の修理中、傷んだ外壁の土壁を取り除いたところ、扉を取り付けていた金物が付けられていている柱の表面に、墨書きで「元文四年二月下旬」とあり、この蔵は元文四年（1739）のものかもしれない。

中立売通りからは厨子二階の建物であるが、中庭の奥の建物、東半分は、おそらく大正期〜昭和初期あたりに改修されたと思われる。古い土地台帳によると、原初は糸屋さんが所有しており、その後改修されてからは、病院、診療所、医院として使われていた。

広い庭の南側には東に蔵、蔵に付随する形で平屋の四畳半茶室がある。さらにその南側にも蔵（元文四年の文字があるもの）があり、それに付属する土蔵造りの小さな蔵がある（この小さな蔵は傷みが激しく、今回は撤去した）。元文四年の文字のある蔵は住居用に改装されており、壁に多くの窓が設けられている。また、この蔵の一階床下に高さ1・2メートルくらいの地下物置があり、薬の貯蔵に使われていた痕跡があった。

今回工事を依頼された持ち主からは、「できるだけもとの形を保って欲しい」という要望があり、その上で、中立売通りから入る一階部分は近所の人も入りやすい食堂のような感じの飲食店に（実際には高級割烹になった）、またその奥の部分と二階は少人数でゆったりと過ごせる宿泊施設にしたい、との希望があった。

そこで、中立売通りからは通りニワを土間に戻し、その一部を広げて飲食店の厨房にし、以前あったおくどさんを復活することにした。井戸も復旧して庭の散水に使うこととしたが、実際には厨房での洗い物にも使うことになり、浄化装置も取り付けた。通りニワの両側に並ぶ柱、天窓から降り注ぐ光、井戸から汲み上げられ

通りニワ

◇改修事例
「おおきに迎賓館・黒門中立賣邸」
京都市上京区中立売通黒門東入役人町

外観

る水、こうした要素で構成された空間は、清浄で整った空気を作り出す。

　宿泊施設の入口は黒門通りから、塀の一部を開口にして入口とし、一階に二室一組、二階に四室二組の客室とした（二室は板敷きとした）。外部建具には、アミ入りでない耐熱強化ガラスと防火塗料により、もとの形と同じような木製の建具が使えるようになった。これにより、緩やかな空気の動きが確保でき、木製建具の持つ断熱性や調湿性なども確保されることとなった。一部には、京都市で実験を重ねている「木製防火雨戸」の実験結果を踏まえた防火雨戸も取り付けている。

　さらに今回は、飲食ゾーンの通路の壁と二階西北の客室に、ストローベイル（P161参照）を取り入れることを試みた。また、和紙を何回も漉き込んで作られる照明やスクリーンをはじめ、通常使われる障子紙や襖紙も多用し、自然素材が作用する清らかな空間を目指した。

　蔵と茶室は復旧し、庭の景観として楽しめるとともに、本来の使い方ができるようにした。母屋の一階を待合とし、茶室へは庭の飛石伝いにアプローチする。蹲踞を使って庭側から縁側を介して茶室に入る。南側にはコンパクトな水屋を用意して、亭主側の準備に対応する。蔵に付随した形で作られていた四畳半の茶室はというと、全体の大きさは変えずに、蔵との連続性を取り入れてレイアウトを変更し再構成した。これなら大勢のお客様での茶会の場合も、蔵との接続部分を開放すれば一つの空間として使える。蔵の板敷きの上は椅子を置くことも可能なため、正座が苦手な人にも気軽にお茶の世界を味わってもらえる工夫でもある。

そして、奥の江戸時代と思われる蔵は床の一部に潜熱蓄熱材を入れて室内環境の改善をはかり、きれいに改修して、以前居住用に使われていたしつらえを生かした従業員控室とした。

令和2年（2020）、建物は計画から丸3年間の改修を経て「おおきに迎賓館・黒門中立賣邸」として蘇り、再び多くの人を迎え入れている。

庭・茶室

蔵

出格子

二階客室

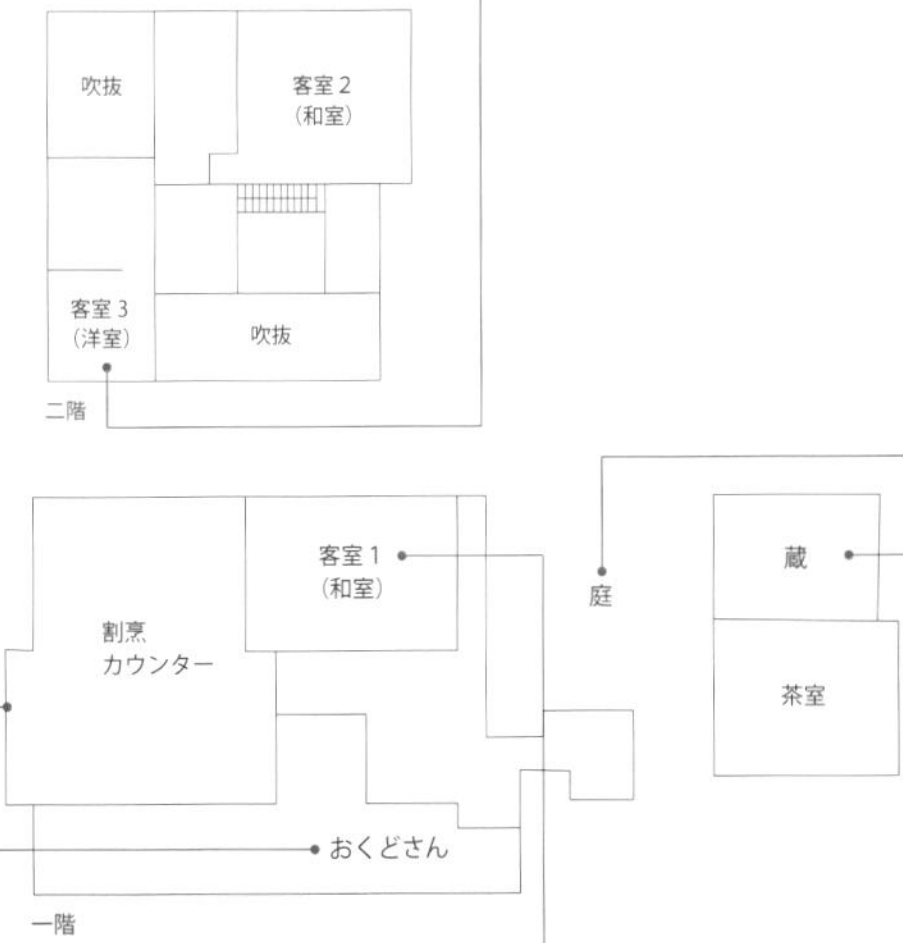

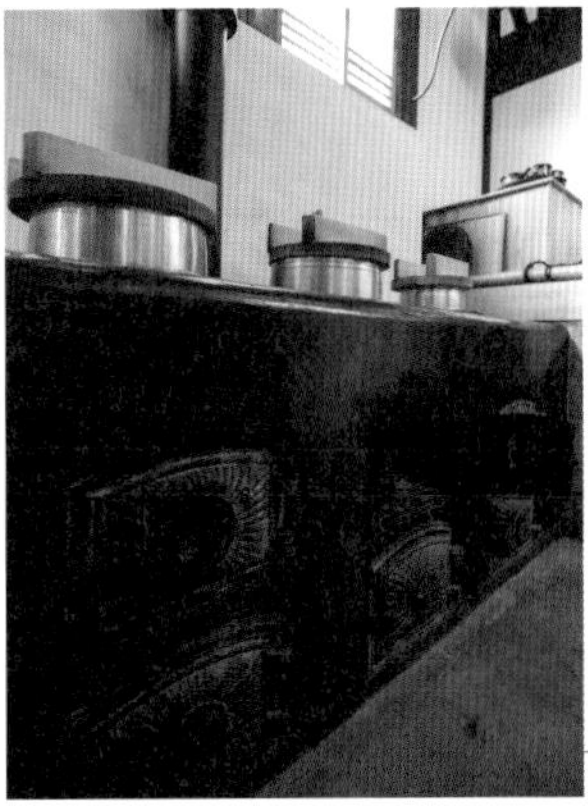

おくどさん

一階客室

◇対談・町家とゴリラ

総合地球環境学研究所所長・野生ゴリラ研究家

山極 壽一

Yamaghiwa Juichi

×

住まいの工房主宰・一級建築士

松井 薫

Matsui Kaoru

ゴリラ研究の第一人者として知られる元京都大学総長の山極壽一先生は町家にお住まいで、そのご縁で、２００８年当時、京町家情報センター事務局長をしていた私が、山極先生のテレビ番組に呼ばれて対談することになった。

この対談の中で、山極先生が「通りニワを見ると、ジャングルに見えるんだよね」と言われたことを印象深く覚えている。その理由を聞いてみると、次のような答えが返ってきた。

町家の通りニワは両側に何本も柱が連なって立っていて、上の方は梁や木組みで枝のようになっている。この姿はジャングルにそっくりだ。ジャングルでは、食べ物のありかは木の上か、木の実などが落ちた地面かで、動物も木の上を動き回る者と、地面を移動する者がいる。町家の通りニワの空間も、上の方にはネズミやイタチが走り回っていたりするし、地面は人間が動き回っている。さらに、ジャングルでは上の枝までの中間部分は何もなく風が通っていて、枝の間から天空の光が見える。これも通りニワの通風と天窓の光と同じだ。そして、町家の柱は石の上に乗っているだけだが、ジャングルの木々も根を深く張らないで、上の枝が絡み合って立っている。その姿を見ていると、ますます町家がジャングルに見えてくる……。

また、ゴリラは毎日、その都度眠るためのベッドを作るのだそうだ。町家暮らしでは、毎日畳の上の布団を上げて押入れにしまい、人によっては、夏の暑い時期は一階の北側の涼しい部屋に布団を敷いて眠り、冬の時期には比較的暖かい二階の南側を寝室にしたりする。これもゴリラの暮らし方にそっくりである。

ドイツの動物学者、ヘッケルは「個体発生は系統発生を繰り返す」といったが、これに倣うとゴリラも人間も38億年の生物の進化の歴史を内包していることになる。その生物の暮らしの場も同じように系統発生をなぞっているとすれば、町家には系統発生の初めの頃の残り香があるといえるだろう。土間空間があり、両側に並んで立つ柱があり、上から光が降り注ぐ天窓があり、目に見えない地下水を汲み上げる井戸がある。ジャングルのような通りニワを抜けると、天空に抜ける庭がある。あたかも沖縄にある神が最初に降り立ったといわれる御嶽のようにも見える。さらに火を使うことのできるおくどさんや、調理ができる流し台が備わっている。これらが深いところで人間の生活に安心感を与え、人生をずっと支えていく「もと」になっている。

テレビカメラの回っている中ではあったが、山極先生と話をするにつれ、町家の建物や生活と、ゴリラの暮らしには、意外にも多くの共通点があることに気がついた。面白い！　これは人間という枠を超えた生き物が周りと共存して生きていく場所として、町家の建物が重要なメッセージを含んでいるということではないだろうか……。

こうして、翌年に開催される「楽町楽家」という町家イベントの中で、「町家とゴリラ」をテーマに改めて対談しましょうということになった。以下は、２００９年5月20日に京都市中京区の堺町画廊で行われた、その時の対談の一部である。会場となった画廊の建物は、明治９年（１８７６）築の表屋造タイプの大型の町家である。

少し別の角度から町家を捉えてみることも、町家とはどんなものかを考える上で何らかのヒントになると思うので、ここで紹介しておきたい。

――対談のはじめに、映像資料として過去に放映されたＮＨＫの番組を会場の皆で10分ほど視聴した。これは、山極先生が調査をしていたアフリカのガボンという国で、「あまり慣れていないゴリラを実際に人づけして、その過程でジャングルに入っていった」というもので、ゴリラの生息域が出てくる番組である。

山極壽一先生（以下：山極）　町家好きの方は「なんでゴリラやねん」、ゴリラの好きな方は「なんで町家やねん」ということだと思いますが、二つの全く違う種類の人たちを結びつけてみようというのが、この会の趣旨でございます。京都の人は町家のことをたぶん分かっていると思うんですが、町家というものとゴリラというものがとても密接に結びついているという話を今日は……。

松井薫（以下松井）　できたらいいなあと（笑）。

山極　私が町家に住み始めて10年程なんですが、最初すごくアフリカのジャングルに似てると思ったんですね。異論もあると思いますけれども。その一つは、ここ（※この日の会場である町家）を見てお分かりのように天井が高いですね。ここは「通りニワ」というんですよね。

松井　そうです、「通りニワ」です。

山極　上の方に天井があって、たぶんイタチやらネズミやらいろんなものが動き、走るんだと思うんですね。パラパラ何かが落ちてくるわけです。ここは三和土といって昔は土間だったわけですね。ジャングルで基本的に動物が住んでいるのは、地上か上かなんです。なぜかというと、食物は木の上か下にしかないからです。ビデオの中で説明していましたけれども、電柱みたいな木がポーッと立っていて、間に何もないんですね。上の方には葉っぱと、動物たちの大好きなフルーツがなっている。このフルーツや葉っぱが落ちてくる。これが地上にたまるわけです。地上にたまって発酵して、それを虫やら哺乳動物やらが食べる。上の方では鳥や虫やサルたちが食べ物を食べる。町家と一緒なんですね。間に何もないんです。何もないというとここの画廊の主人に怒られますけれども（笑）。ないんですね。地面にある。実は哺乳動物というのは、基本的に地上性なんです。地面が彼らの感知する世界のキーポイント。においが全部たまるわけです。犬でも猫でもいろんな動物たちは、地上を歩く時、鼻を地面にすりつける。そこにいろんな動物の痕跡やら食べ物の痕跡やらが残っている。それを通して世界を感じて暮らしているわけです。ところが木の上に登る連中というのは、においではなく今度は目なんです。鳥は目がきくし、サルも目がきく。木の上の世界というのは風が舞っていて、においが定着してない。だから嗅覚で世界を嗅ぎ分けようとしても無理なんです。地面のようなキャンバスがないからです。地面は動物にとってキャンバス。木の上は三次元の世界、映画の世界みたいなものです。それを目で見ないといけない。だからサルや鳥たちは上の方で暮らしていて、時々下に降りてくると、地面を嗅ぎ分けて暮らしている動物たちと目で対抗するんです。

松井　さっきビデオを見せていただいて、まず思ったのは、先生がおっしゃったようにジャングルには高い木がビュッと立っている。町家そのものやないですか。高い木が立っていて、上の方に寝る場所があったり風が吹いたりして、木の上で実はこういう揺れ方（枝に付いたまま揺れて枝を左右に揺さぶる）をするんですね。これを利用しているんですよ、町家の場合も。難しくいうと「曲げモーメント」というのですけれど、曲げに対して応力を利用しているというところがものすごく特徴なんですね。今、作ってもいいといわれている木造は「軸力」という、この（縦の）方向の力しか認めていない。曲げに対してはゼロなんですけれども、この時代（この町家が建てられた明治時代）はそれと同じくらいの力がある曲げの力も皆使い切ろうとしていたところがありまして、下から上までずぼっと一本の高い木を使っています。そして裏側に細い貫という材料が入っているんです。それによって、風が吹いたり、場合によっては地震で揺れたり、ということがあるんですけれども、その時に曲げのしなりで持たそうという考え方があるので、まず構造的に同じやなと思ったんです。それから、天空からここも明かりが降りてくるんですよね。ジャングルも同じですよね。それで、下が透けているという考え方で作ってある。これもやっぱり同じなんやないかなあ、と思うんですね。

山極　ジャングルはドームみたいになっていて、樹冠の方は葉っぱでびっしり覆われていますから、太陽光の1パーセントから2パーセントぐらいしか地面に届かない。地面の方はひやっとして涼しい。風がすっと通りますから、意外にジャングルの中は涼しくて、上の方に行くにしたがって乾燥してくるんですね。

松井　ああ、なるほど。

山極　さっき松井さんに言われて気がついたんですが、昔は町家は地面とくっついていなかった。動くんですよね。

松井　今もそうなんです。

山極　今もですか……。実はジャングルの木というのは、ほとんど根がないんです。なぜ根がないかと言えば、雨がすごく降る。根を地面にずっと下ろしていても、養分が雨によって流されてしまうので、地表近くでそういった養分を吸収するような根にしておかなければならない。根はもちろんありますけれども、ほとんど木を支える役には立っていない。さっき言ったみたいにジャングルの木というのは、上の方で枝と葉っぱで互いに絡み合って支えている。何かの拍子で風がすごくたくさん吹いて一本の木が倒れると、共倒れになってすごく大きな穴がボーンとあく。私はそれが中庭みたいだと思っているんです。町家は走りニワと家の真ん中に小さな庭がありますよね。そこに日光がサーッと射すんです。驚いたことに風が上の方からスーッと入ってくる。またスーッと抜けていく。こういう垂直の方向の風がそこに生じる。これも、ジャングルでは「ギャップ」というんですけれどもね。樹冠に穴があいて、太陽の光が射して、そこは全く別世界。ジャングルの動物たちは普段は暗いところに暮らしているから、そういう光の輝くところに行くとみんなでゆったり昼寝をしたくなる。そういう場所なんです。私はこれはいわゆるジャングルの中庭だなと思う。

松井　まったく一緒でしょうね。町家の場合は、中庭とか奥の庭などがある。空気の流れでいうと実は先程おっしゃたように、煙突効果というんですけれども、この下のところと二階の上、大屋根の上とでは同じ風が吹いても速さが違うんですね。ヨットに乗っておられる方はよくご存じやと思うんですけれども、上の方が速い、速く流れる。上の方が速いということは気圧が低い。ちょっと薄くなるので空気を引っ張り上げる。すると下の方で割と涼しい風が動く。そういう作用が町家の空気の流れでも実はありまして、すでによく分かっている現象ですね。だから全く同じことやと思うんです。そして、それがおそらくは、垂直みたいな意識をどこかに植え付けていくというところがあるんやないか、と思うんですね。音楽なんかやるでしょ？　特にインド音楽なんか、聴いていたらそれだけでどこかへ行きそうな音楽がありますやん。20分くらい、ダーッとやってはんのね。

中庭の近くで聴いていると上に上がっていく感じがするんですよ。ほんまに自分がフーッといきそうなくらい、気分的にすごく高揚します。そういうものが実は上にある。町家の空間は水平の細長い奥へ行く、この方向しかなかなか僕ら見ませんけれども、実際に住んでみると、上の光があったり、上に対しての意識があったりということで、抜けているところがたくさんあるんですよ。他のところでいくと、例えば床の間とかね。そういうところも含めて上に対して意識が抜けている。自分らだけで生活しているのではなしに、上の方で何かもっと大きなものがあって、それが常に全体を覆っているというか、言い方によったら、「誰かがちゃんと見てるよ」というようなイメージというのを、きっと昔の人は持っていたんやと思うんです。

山極　音という話でいえば、ジャングルというのはものすごくいろんな音に満ちているんですね。それぞれの動物、とにかく何百種類という動物が同じジャングルの中に一緒に住んでいますから、いろんな声が聞こえる。確かに音によっては、上の方に上がっていくように感じられる音があります。それぞれの動物は彼らの生活に応じていろんな音を聞き分けているわけですが、例えばゾウの声というのは人間の聞こえる範囲外の音を出すんですね。彼らはどこで聞いているかというと足の裏で聞いている。地面に低音がズーッと響いて、低い音は波長が大きいですから、湿った、あるいは暗いところをズーッと遠くまで伝わるんですね。いろんな障害物があっても波長が大きければ抜けていくわけです。一方、波長の高い音、キンキン声というのは跳ね返りが速いですから、いろんな物にぶつかって遠くには届きません。その代わり、それが立ちのぼっていくわけですね、キンキンに。それはどういう声かというと、カエルの声。カエルの声は下から上までスーッと上がっていく。逆に上から下におりてくるのは蟬の声。蟬は上の方で鳴いているのですが、ズーッと下におりてくるという感じで、上と下とでいろんな動物たちが鳴き交わしているというのがよく分かります。

松井　重層的に生活があって、何か作られているという感じですかね、生きてる者たちがそれぞれの層で生活圏を形作っている、という感じ。

山極　たぶん町家も昔はこういう窓のところに鳥が巣を作ったり、イタチなんかがひょいと顔を出したり、ということがあったんではないのかなあと思います。ここ（※会場の町家）も向こう側に庭があって、いろんな野鳥も飛んで来るそうですが、動物に好かれる場所というのは、実はたくさん隠れ家があるんです。いろんな動物同士が姿をいつも見合ってないような、それぞれの動物が好む場所というのがあるんですね。町家にもそういうところがいっぱいあるんではないのかなという気がします。動物にとっても住みやすい。だから人間にとっても住みやすいんだなというふうに勝手に想像しているんですけれども……。でもよく町家って、夏暑く、冬寒いというやないですか。それは間違いなんですか、本当なんですか。

松井　そりゃあ、夏は暑く、冬は寒いんでしょう。それはそうなんですが、たぶんジャングルも一緒なのでしょうけれども、何にもなしのカンカン照りやったらたまらんわけですよね。雨が降った時は雨がしのげる方がいい。すごい風が吹いた時は、ものすごい風の中にじっといるよりは、少し和らげてくれる中に居た方がいい。たぶんそういう自分たちの生活を守る形で何か囲いを作ってきたというのが家の始めだろうと思うんです。それで少ししのげるというところでしょうね。

山極　自然のシェルターですね。僕もそう感じるんですが、サッシの完全に密閉した家に住んでいると、何か下界とすごい遮断された気がするんですよね。昔、公務員宿舎に住んでいた時に、冬になると露が壁にびっしりと付いて、密閉しているなあと思ったんですが、町家に住んでいると全然そういうことがない。つまり外とつながっているわけですね。必ず外気の流れている感じがしていて、暑くて寒いけれども、それは嫌な暑さや嫌な寒さではないのかなあ。

松井　そうですね。嫌な感じではないですよね。

山極　ジャングルは皆さん暑いところだと思っているかもしれませんが、寒いところでもあるんですね。例えば熱帯というのは、このガボンについていえば、1年12か月の内の約9か月が雨季です。湿度を計ってみると、年がら年中乾季でも100パーセント近い、ものすごい湿度です。湿気が感じられるような森林の外にいると、ものすごい湿気なんです。でも、森林の中に入ると意外にさばさば乾いているんですね。つまり森のシェルターが全部吸い取ってくれているわけです。日本には梅雨というのがあって、朝から晩まで、あるいは時に数日間ずっと雨ということもあります。だけど、向こうの雨季はそのようなことは全然ない。雨季でももうすごく晴れていて、「雨季晴れ」というんですけれども、すごく天気がいい日というのも実は雨季なんですね。日本でも夏になると、最近あまりないんですが、「夕立」というのがありましたよね。あれは、天気のいい日に突然入道雲がもくもくと湧いて、ドーンと夕立がくる。そして、またからっとすぐ上がるわけです。あれがアフリカのジャングルにおける雨季の雨なんです。だから午前中すごく暑くて、日が照っていて、森の中に逃げ込んでいて、あれっと気がついたら、途端に空がかき雲って、風がビュービュー吹いて、木の葉が舞って、これはやばいなと思っていると、そのうちドーンと雨が降るんですね。でも1時間くらいでからっと上がってしまう。そのくらい潔い雨なんですね。そういうものにアフリカのジャングルというのは適していて、風とか雨とかすごい陽射しだとかいうものを全部避けてくれるのが熱帯雨林の構造なんじゃないかなと思うんです。

松井　興味深い話なんですが、町家でも、実は中と外の庇のところで、温度と湿度を2年間ずっと測ったんです。そうしますと外が梅雨の時期でほぼ１００パーセントの時でも、中はだいたい75パーセントぐらい。冬に外が30パーセントから20パーセントにまでなる時でも、中は65から70パーセントくらいあるんですよ、湿度が。

山極　ああ、そうですか。温度はどうですか。

松井　温度は常に中が暑いです、実は。そういうことが分かりました。夏は外の日陰と中とで比べると、中の方が囲われているのと、人間が居たり熱源があったりするからでしょうが、少しだけ中の方が暑い。冬は少しでも暖めようとしますから特にそうですけれども、まず中の方が暖かいですよね。夏も中の方が暑いのが分かりましたが、でも何で過ごせるかというと、湿度やないかと思うんですよね。だいたい70～75パーセントぐらい。土の壁とか木だとか紙だとか、そういうもので調節するんですね。梅雨の頃、紙なんか障子がタランとなりますからね、すごい水を含んで。それがまたピンとなったりするわけで。例えばこの柱一本分あるでしょ、これでだいたいビール瓶一本分の水分をやり取りするといわれていますから、相当なものなんですよ。それで中の内部環境を居やすくしているのではないかと。ジャングルが割と爽やかにいられるのと似たような感じなのかな。

山極 みんな呼吸しているわけですね。

松井 そうです。自然素材でできていますから。

山極 今アフリカはどこの国でもヨーロッパの影響が強いから、鉄筋の家を建てたがる。もともと彼らの家というのは、泥の壁で屋根もヤシの葉っぱやバナナの葉っぱで葺いて、植物でだいたいできていたものなんです。ところが工法が簡単でお金もつきやすいということで、鉄筋で家を建てる。そうすると、ものすごく熱がこもるんですよ。特に夜は暑い。夜は本当に熱がこもって逃げないんですよね。ところが、植物でできた家というのは夕方になるとスーッと暑さが逃げる。まさに呼吸をしてるという感じがします。やっぱり人間は変化に強い。ずっと同じような環境にいるとアホになる。私も長期入院したことがあるんだけれども、病院というのは温度を一定にしている。そうすると、だんだん頭がぼけてくるんですわ。やっぱり朝、昼、晩と違う温度や湿度の外気にあたってないと、何か身体が活性化されない。外でつながっていて、何ていうのかな、自然というのは素晴らしいものだと思うんですけれども、朝と晩で温度も湿度も変わるんですよね。しかも光も変わる。その光というのは、人間にいろんなことをもたらしてくれる。朝、気分がいいのは朝の光と夜中の光が違うからです。昼間、例えば雨の日と光がサンサンと降り注ぐような暑い日と全然気分が違うのは、人間もゴリラも同じようにそういう一日の光や温度、それから湿度の違いに心身を揺さぶられるようにできているからだと思うんですよね。それを感じないで生きているのはもったいない気がするんですよね。せっかくそういうものを感じられるように身体を作ってくれたのに。それはこの町家の方が感じられるかもしれない。つまり、嫌な暑さ、嫌な寒さではないかもしれない、という気がします。

松井　自然のリズムの中で、たぶん40万年とかずっと来たわけですから、その変化がないと逆に負荷がかかってしまうことになるんでしょうね。

山極　そうでしょうね。

松井　ちょっとゴリラの話に戻していいですか。先程見せてもらった映像で、年老いたシルバーバックと26年ぶりに再会して、じっと見つめ合うという感動的なシーンがありましたよね。何て名前やったか忘れましたけれど。

山極　タイタス。

松井　ゴリラも人間と同じように、記憶を持っているということなんですかね。

山極　僕がものすごく感激したのは、それが分かったからなんです。つまりタイタスというゴリラは人間のように思い出すのではない。思い出すんですが、彼らは言葉を持っていません。だから違う形で思い出したんです。それが彼の様子を見て分かった。それが分かったからすごい感動したんです。どういうことかというと、私たちが例えば26年ぶりに昔の友だちと会ったとします。中学、高校ぐらいに親しかった友だちとばったり会ってその空白を埋めようとした時に、彼の、あるいは彼女の昔の顔を思い出そうとするわけですね。それが頭の中に浮かんできて、そして今の彼や彼女の顔と重なった時に「あーそうなんだ」と思うわけですね。その頃の様子が思い浮かんでくる。それは結構言葉で補強しているわけです。イメージをね。だけどタイタスというゴリラはどういうふうに思い出したかというと、2日間会ったんですけれども、最初の日は何かおかしいなと僕の方を見ていた。最初の日はよく分からない様子でした。でも2日目に会った時は思い出した。どういうことかというと、顔が子どもに戻っちゃった。一瞬のうちに戻ります、これは。最初、本当にヨボヨボだったんです。もう爺になったんだなあ、俺も爺になったなあと思いながら見ていた。僕はあらかじめ彼だと知ってますからね。でも彼は26年全然会わなかったのに、突然僕と会ったわけじゃないですか。すぐに思い出せるわけがない。それが僕を思い出したのではなく、自分が子どもにかえっちゃった。顔が子どもになって、あの頃やっていた、こういう風に手を頭のうしろに乗せて仰向けに寝るという行動をすぐとって。大人のゴリラって滅多に遊ばないんですけれども、子どもの遊びを始めた。それを見た時に、これがゴリラにとって思い出すということなんだなあ、と思えたんですね。確信しました、これは。思い出したんです。僕自身を通して自分を思い出した。自分が昔に戻った。ゴリラも他の動物もそうなのかもしれないけれども、彼らにとって思い出すということは、彼らは言葉を持っていないから、昔の私と今の私というふうに区別して考えることができない。だから僕の中に昔の僕を見たわけです。そうしたら自分も昔に戻ったんです。僕らもそういうことがあると思うんですよ。あると思うんですがそんなに簡単にできません。いくつかの壁を乗り越えながら昔に戻るわけでしょ、僕らの場合は。彼の場合は乗り越えるものが何もない。そのままストーンと昔に戻った。それが分かったので、いやあそうだったんだと思った。僕は初めてです。人間以外の動物が思い出すという現象を見たのは。

松井　タイタスが昔の自分を思い出したあとで、小さいゴリラが「遊ぼ」と近づいて来ましたよね。それは何か、タイタスが周りのみんなに「この人はどうもないよ」みたいなことを教えたんですかね。

山極　子どもは大きなリーダーのオスの行動を見習って、すぐ反応しますからね。リーダーのオスの行動が変われば自分たちも変わって。僕らもそうじゃないですか。例えばお父さんについて歩いていく子どもが、お父さんが親しげに話す人に対しては親しいと思うし、何か警戒する人には警戒するし、一心一体になっているわけです。そういう風に、彼らも安心して近づいて来たんだと思います。

松井　昔を思い出すという話でちょっと面白いなと思ったのは、町家を使って、今、福祉関係のものに転用するということがある。僕も小さいのを一つしたことがあるんですけれども、だんだん社会的な扉を閉じてきた高齢の方々が、実は町家に戻ってくると昔にかえるんです。「回想法」、もとに戻るのでそういうのですけれども、自分の20歳くらいのピチピチやった頃にフッとなるんでしょうね。しゃべり出さはるんです。「私、こういうところでこんなんしてましたんや」とかいう話をね。元気になってくるというか、活性化する部分があるんです。

山極　そうですか。もう一つたぶん人間の能力として、言葉を持ったからこうなったのか、言葉を持つ前にそうだったのかは分かりませんが、記憶を外に出すという能力があるんですよ。記憶をいろんな環境に置いておくんです。だから写真を見たり、昔の道具を見たりすると昔の自分を思い出す。たぶん今、松井さんがおっしゃられたように、再び出会うとその記憶を蘇らせてくれる、そういう作用を持っている。町並み保存をやっている人たちとお付き合いしたことがあるんですけれど、なぜ町並みを保存しなくてはいけないかというと、昔の記憶を思い出させてくれるからなんですよ。それは例えば少し認知症になった方でも、あるいは耳が聞こえなくなったり、目が不自由になったりした方でも、町並みが変わっていなければ、町のにおいやら空気が変わっていなければ、全然不自由なく歩けるんです。ところが、いかに歩きやすく親切に作ってある町並みでも全然がらっと変わってしまった町並みでは歩けない。それはやっぱり身体が覚えているんです。頭の中に記憶が残っているのではなくて、いろんな身体の記憶を環境の事物にきちんと植え付けることによって、人間はいろんな風景と溶け合って生きているんだろうと思うんです。ひょっとしたら、動物の時代から受け継いだ能力なのかもしれないですね。

——対談後、イベントに参加している方々に感想やご意見を伺う時間を設けた。何人かの方がお話をしてくださったが、その中から印象的だったお二人の町家に関するご意見と、それについての会場での対話を紹介しておこうと思う。

■参加者の声1■

シックハウス症候群になって、今は町家に住んでいます。中庭があって風が抜けているような感じがします。マンションとか学校は、今の大学もそうですが、閉め切ってしまうんですよね。そうすると全然空気が通らなくて。ちょっと窓を開けて欲しいと言えば開けてくれるんですが、一日中24時間、一年間ずっと閉め切っているから、少し窓を開けただけでは風が通らないし、全然意味がないんですよ。でも町家にいると、確かに冬寒いし夏暑いけれども、風が通っている。土壁というのも私にとってみればうれしいことで、風が抜けてくれる。空気が変わってくれるから、すごく居心地が良くて。そういうことを身をもって感じることがあるので、こういう建物がいっぱい出てきてくれれば助かるなぁと。本当にそういうものを待っている人がすごく多いと思いますし、増えてくれるといいなと思っています。

松井　風が通るというのは、根本的なことなんですよね。実は一つずつを分けてしまわない「中間領域」というのが、すごく大きい特徴なんです。例えば冬でも外は本当に寒い、氷点下まで下がるとなっても、障子とかをいくつか閉じていきますと真ん中あたりでは結構暖かい。空気がある程度動かずにあるというのは断熱材になりますから、そこで温度がそれ以上は下がってこない。真ん中は結構暖かくなります。今の建物は、薄いもの一枚でこっちとこっちの温度を変えてしまおうというような断熱性の高いものを使う。それが効率がいいというのですが、町家は空気をすごく利用して、空気を閉じ込めたり、動かしたりしている。常に入れ替わりはある。入れ替わりがあるというのは、もう少し深く言いますと、外のこっちの奥には庭があるわけです。向こう側は道路があるんですけれども、道路の方というのは社会的な時間が流れてる場所なんです。そこは時間の規定があって、約束事があって「何時までにこれ持って行かなくてはいかん」という人が走ったりしているわけです。こっちの庭の方というのは、そういう時間と関係なしに、時が来れば花が咲き、実がなり、葉っぱが落ちるということを繰り返している時間というものがある。全然違う二つの世界をつないでいるというところがある。社会的なものというのは、あとから自分たちで作ったルールなんですよ。そのルールの中で家も作ろうとすると、こういう四角く囲んで中を効率良く冷たくしたり、暖かくしたらええんちゃうか、という浅はかな発想になってしまう。実はそれでは人間はうまいことといかへん。それを形作っている大もとのところというのは自然であり、宇宙であり、という世界がある。そこともつながっている。風がつないでくれているんですよね。情報を運んでくれるといってもいいかもしれない。その二つをつないでいるというのが特徴なんです、この町家の。都会の中で自然とつながりながら生活できるというのが特徴ですし、それは人間にとって、動物としての人間にとっても生活しやすいはずなんですよね。シックハウスやアトピーというような過剰に反応するものが少し出ると、いろいろなものに微量で反応してくるんですけれども、そういうものも体力がつくと抑えられる。いろいろなたくさんのものがバランス良くある。ようけあるけれどもバランスがいいので、それで体力がちゃんとつくんですね。囲った中に居ると少なくなるけれど、すごくバランスが悪くなる。例えば掃除なんかする時でもそうなんですけれども、「綺麗に掃除しました」のあと、水気が残っていると即細菌が繁殖するんですよね。風が通ることによって、乾くとそれで大丈夫になるというところがありますから、風が通るということは町家にとって根本的に大切なところです。

山極　今の話を聞いていて思い出したのですが、ガボンの熱帯雨林で、暑い時はものすごい暑いです。40度くらい。その時は動くだけで汗をかく。じっとしているしかない。じっとしていると実は風がスーッと流れていく。だから暑くても大丈夫なんです。神様が「働かなくていい」と言うのでじっとしている。考えてみたら、昔の日本人は昼寝をしていましたね。昼寝は畳の上で窓を開け放って、あるいはお寺に行ってゴロンと横になって、しばらく日が落ちるまで休んで、それから働いたような気がする。今はもう限界まで働いているのではないでしょうか。朝晩ね。これは人間の身体に良くないのではないか。風の知らせるままに身体を動かし、風の知らせるままに身体を休め、としていく方が良いのではないでしょうか。

松井　「林住期」なんていう言葉がありますでしょ。古代のインドでは4つに分けて、3番目の時期というのは林に住む時期。それは今おっしゃったことですよね。それまでの間というのは社会の中で子どもを育て、社会にフィットしていくことではないかと思います。それが済んで、100年生きるとしたら50~75歳の間みたいな時が一番いい時、林住期です。でもそれはゴリラもやってるんでしょう、林に住んでいるんでしょうから。

山極　ゴリラは昼寝をするんです。僕はゴリラの起きる時間に合わせて会いに行ってずっと一日ゴリラについて歩くわけですね。そうするとね、11時ぐらいになると昼寝なんです。ゆっくり昼寝して、2時か3時頃にまた起きて、歩いて、食べて、夕方になるとベッドに入って寝る。これが一番身体のリズムにいいと思う。日本に帰ってきても昼寝がしたくてしたくて、本当に困りました。つい寝てしまうんですね。

■参加者の声2■

福岡から何十年ぶりに京都に来ましたが、駅を見て驚きました。前衛的。北九州の門司港はまだ大正時代のルネッサンス様式の駅を残しています。トイレも手洗いもそのままです。京都タワーから景色を見たんですけれど、まるでもうほんとに福岡の町と変わらない。お寺がちょこちょこと見えますけれども。40年くらい前に大学を休学して1年間京都に住んでいたという私のアメリカの友人は、「京都の人たちがどうかせんと、このままではいかん、けしからん」と。

山極　この辺もマンションがいっぱい建って、町家がどんどんつぶれていくのが現実なんですね。京都市はいろいろ建築を抑えるような条例を作っているんですが、だいたい遅きに失した感じがある。今回の「楽町楽家」も町家の良さを知ってもらおうという試みで、いろいろな、特に京都の人たちに町家の良さを見直しましょうや、という話で始まったんですよね。

松井　そうですね。住んでる町家はなかなか入れないですよね。実際お住まいになっている家ってどんなんや、と。今、目に付くのは店になった町家であるとか、立派に直されて中を見てもらえるようにしてあるところとか、いうくらいのものですけれども、現実では住むことが一番大事。でも、住んでいる町家というのがどうなのか、なかなか分からない。それで、いろいろな今日みたいなお話の会であったり、昨日は演奏会があったり、少しの間、1時間なり、2時間なり、この町家の中に来ていただく機会を作ろうと。その時に何かしら感じてもらうことがあるやろうと思うんですね。すぐに反応できるような、言葉になるようなものではなくても全然いいんですけれど。すぐに言葉に返すのは、芸人と政治家だけでいいんですわ。もう少し深いとこまで入ったら、半年ぐらいかかってやっと言葉になってくる。あの時の光、きれいやったなとか、風がふっと吹いてきたのがすごく気持ち良かった、とか。そういうものがどこかに残って欲しいという思いなんです。それはきっと町家の良さを身体で分かってもらえることにもなるし、先程申し上げた意識として、社会とその前にある大きな自然というものと両方を行ったり来たりすることができる良さみたいなものをきっと感じてもらえることにもなる。その大切さが今の時代だからこそ大事やということが、言葉として、それぞれの方の自分の言葉として出てくるんやないか、という思いで、5年前からずっと、ある程度の規模で1か月くらい、今年で90ぐらいイベントを組んでいるんです。けれども、いろいろやって、少しずつでも分かっていただける方を増やそうとしているんですが、年間1000軒くらいの町家が壊されているんです。

山極 ああ1年で1000軒、そうですか。

松井 町家は壊すと今の法律では建てられません。この構造は無理です。それから材料がもうないですから。こういう近隣の材料を使っていますし、そういう材料は今は山が荒れてて出してこられません。それから技術が少なくなってきている。こういうものを作れへん法律になってから、作る必要がなくなったので技術が廃れる。修繕はしていますから、修繕できる人はまだ京都にはたくさんいるけれども、それでもやっぱりだんだん減ってきている。町家の良さを生かそうと思っても、今の法律ではクリアーできないものがいっぱいあるんですよ。そこを何とか今の法律で胸を張ってちゃんとできるようにしようというのが僕らの活動なんですけれども、長いですね。なかなか。40年、50年かかる。それを待っていたら、町家はなくなってしまうおそれがある。京都でこういう形で建てられている戦前の木造の住宅で6万軒ぐらいあると思うんですが、おそらくなくなってしまうやろう。だから、ほっとくわけにはいかない。一人ひとりが、微力ながらそういう町家の良さを何とか生かしていくという活動をしていかなければと思っているんです。

■山極壽一

1952年生まれ、総合地球環境学研究所所長。元京都大学総長。ゴリラ研究の第一人者。京町家在住。

◇京町家情報センター（きょうまちやじょうほうせんたー）

京都の町で町家が次々と壊されていく状況に何とかストップをかけ、次の世代に町家の生活文化を継承していく活動をしている「京町家再生研究会」。この活動の中で「町家が壊される要因の一つに、町家の不動産流通の実態があるのではないか」ということになり、町家を大切に受け継ごうという趣旨に賛同する不動産業者26社と京町家再生研究会とが組んで2002年4月に誕生したのが「京町家情報センター」である。主には、町家を売りたい・貸したい人と、買いたい・借りたい人の橋渡しをしている。

◇エルンスト・ヘッケル（1834〜1919）

ダーウィンの進化論を広めた、ドイツの動物学者。個体発生は種の系統発生を要約して繰り返すという生物発生原則を提唱。生態学の確立にも貢献した。

◇御嶽（うたき）

南西諸島に広く分布している琉球神道における聖地。老木の生い茂った森に自然石などがあり、国家繁栄や五穀豊穣などを神に祈願する場所とされている。

◇楽町楽家（らくまちらくや）

町家を使ったイベントを通じて、住宅としての町家の良さを知ってもらおうと企画されたもの。町家保全活動を担う「京町家情報センター」と「京町家友の会」が中心となり、京都市内の実際に居住している町家を舞台に、展示会や掘り出し物市、コンサート、お茶や珈琲のセレモニーなど、さまざまな催しを企画・開催。2005〜2009年まで、毎年梅雨入り前の約1か月間に行われていた。

◇堺町画廊（さかいまちがろう）

国内外のアーティストによる個展やイベント、上映会を催す、京都市中京区の堺町通りに面した画廊。明治9年に呉服商として建てられた表屋造の建物で、程なく医院として改修され、ミセノマは薬局に、ゲンカン部分は診察室となり、その奥の母屋は居住空間として使われていた。表一階は何回か改修されて今の形に。現在は通りニワを画廊として活用している。

第5章

町家的スローライフを考える

～たしかな暮らしを続けるために～

― 腹八分目で生きるということ ―

現在の生活は、技術の発展のおかげで自分が考えたり動いたりしなくても、さまざまなことができる便利なものやシステムに満たされている。そして気がつけば、一人ひとりの人間としての能力の限界をはるかに超えているものたちによって、生活が成り立っている。しかし、それらは本当に必要なのだろうか。

腹八分目とは

「腹八分目が体にいい」ということは、ずっと前から知っているつもりになっていた。だから何事も少な目がちょうどいいのだと言い聞かせてきた。そんな中、「七分の満足と三分の飢え」「食べる意欲は、生きる意欲につながる」（岡本央著『泥◇んこ、危険も生きる力に　ないないづくしの里山学校』）という言葉に出合った。そうか、腹八分というのは二分は飢えているのか、と気がついた。10時間のうち、2時間は飢えを感じているのが腹八分なのだ。今までは、お腹一杯に食べないことが腹八分だと思っていた。そしてお腹が空けば食べていた。これは腹八分ではないのだ。

貝原益軒の『養生訓』にも「小児《しょうに》をそだつるは、三分の飢《き》と寒《かん》とを存すべしと、古人いへり。……小児にかぎらず、大人も亦《また》かくの如くすべし」とある。考えてみると、人類がこの世に生まれて以来、ずっと飢えとの戦いだった。我々のDNAには飢えとの長い長い戦いの歴史が刻まれている。人は本来三分飢えているくらいが、DNAから見た普通の状態ということなのだろう。我々の世代がぐんぐん成長する時期、

◇『泥んこ、危険も生きる力に　ないないづくしの里山学校』（２０１９年・家の光協会）遊具もなく先生もいない里山学校で、焚き火や泥遊びを通して生きる力を育む子どもたちの姿を、写真を中心に紹介。著者は「〝自然と風土に遊び学び、働く〟、世界の子どもたち」をテーマに長年撮影に取り組んでいる、写真家の岡本央（おかもとさなか）。

親たちはやっと飢えから解放されて、喜びをもって腹いっぱい子どもに食べさせた。その結果、我々は腹八分を知らずにここまで大きくなってしまった。

ある高校生の話

家を新築する間、やむを得ず一時的に古い家へ家族で移り住んだ高校生の話が、何かの本の中で紹介されていた。汲み取り式の便所と裸電球1個の生活で、テレビもラジオもない。どんなにみじめな暮らしが始まるのかと思っていたところ、ばらばらだった家族が一緒に食事をするようになり、テレビを見る代わりにおしゃべりをするようになり、不自由だと思っていた暮らしにすぐ慣れてしまって、忘れられないほど楽しい思い出になったそうだ。普段のいつもの生活から比べると、一見いろいろと不足しているように思える。けれども、少し前までは普通に繰り返し営まれていた生活なので、すぐに慣れるのだろうし、むしろ自然の一部である人間の暮らし方としてはなじみやすい、ということなのだろう。

日頃から意識はしていなくても、現代の都市においては強い刺激に囲まれて生活しているので、感覚が閉じ気味でないと身体がもたない。まともに刺激の渦の中に巻き込まれてしまうと、精神が病んでしまうかもしれないからだ。その逆で、周りから受ける人工的な刺激をうんと減らすと、感覚が開いてくる。そして二分飢えている分、知ろうとする意欲が出てきたり、生きていく力が湧いてきたりするのではないだろうか。

腹八分の住宅

現代では、断熱性能や機密性能が高く、冷暖房の効率が良く、眠るにも食事を作るにも、風呂へ入ってくつろぐにも、物の収納にも、十分な性能と容量を持った「満腹の家」を人々も国も求めている。家の中の構成も、生活のワンシーンごとに切り取って、その役割を機能的に発揮できるような部屋を次々と配置する方法を取っている。しかし、これでは社会制度が少し変わったり、新しい設備ができてきたりすると、すぐさま対応できなくなる。それに、そうしてできた住宅は、商品として「買う」までは、あれこれと性能を比較し吟味するが、一旦住み始めたらすべてを家任せにできるため、家自体に意識が向かうことは極端に減るだろう。そして、ろくに手入れもせず、目の前に次々と現れる変化や刺激に反応して毎日を過ごし、思っていた性能が劣化してきたら、その家を捨てて次の新商品を買うことになる。

どんなに緻密に贅を凝らした作りの家でも、形作られたものは一方的に壊れて使えなくなる方向に変化していく。これはこの宇宙の持っている方向性なので、どんなものでも逃れられない。その中で、「手入れ」をしていくことで使えなくなる方向の変化を緩やかなものにすることが、限りある資源を使わせてもらっている我々の使命ではないだろうか。

その点、腹八分で二分飢えている（不足している）住宅では、常にその不足の二分を必要に応じて何とかせねばならない。町家はその典型だろうが、夏の暑さ、冬の寒さをどうしのぐか、少ない空間でいかに多くの目的を達することができるか、そのたびに工夫がいる。家の中の構成も、時の流れの中で変化していく生活シーンに、その都度必要な機能を「しつらえ」で補い、「片づけ」でもとに戻すことをする。よって、常に家に意識がいき、たびたび手入れをすることになり、その結果、建物は長持ちする。

プラグを抜いて手を動かす

町の家電販売店には、電気を使って便利なことがいろいろとできる製品が溢れる程並んでいる。通信販売の家電製品も次々と新しいものを売り込んでくる。我々はこういうものを「賢く」選択して生活を構成しているつもりになっているが、例えば「冷蔵庫が古くなったから買い替えよう」と家電販売店に行くと、「以前より消費電力は少なくなっています」と言われるのに、片やサイズはどんどん大型化している。そして、核家族の標準的なサイズの家に、幅75センチメートル、奥行き65センチメートル、容量600リットルなんていう巨大なものが置かれていたりする。食料品を扱う店はスーパーをはじめコンビニも数多くあり、そんなにストックする必要があるとは思えないのに……。結局、買い物の快感につられて多くのものを買い込み、冷蔵庫を一杯にして必要以上に食べ過ぎたり、使わずに廃棄したりしているのではないかと、つい思ってしまう。

洗濯機もドラム式のものは、以前の洗濯機よりも巨大化している。「清潔にしなければ」という強迫観念にも似た感覚のせいで頻繁に洗濯するようになったことや、太陽に合わせて洗濯物を干すということができないほど忙しくなったこと、さらに住居に適当な物干しの場所もないなど理由はいろいろあるだろうが、とにかく乾燥までやってくれるドラム式がよく使われるようになった。こういった家電製品が所狭しと置かれている生活スタイルで「省エネ生活です」と思っているとしたら、誰かに踊らされていると思っていいだろう。

生活の中で一つひとつ、これは電気を使わなかったらどうすればいいのか、どうすれば目的の機能を果たせるのか、と考えることはなかなかエキサイティングな思考だが、その一つの明瞭な答えが、電気がなかった時代の生活の中にあるのは間違いない。例えば掃除機を使わずに掃除する方法としては、はたきと箒、ぞうきんでの拭き掃除。炊飯器を使わずにご飯を炊くには、おくどさんの薪で炊く。ロケットストーブで炊くこともできる。お湯を沸かす程度なら、ソーラークッカーという道具もある。野菜の保存も冷蔵庫ではなく、新聞紙に包んで床下の箱に入れればいい。時計を動かすのも、おもちゃを動かすのも、ぜんまいを巻く、ということをやれば電池はいらない。洗濯機を使わずに洗濯するには、たらいでごしごしやる。照明器具を使わずに行燈やろうそく、焚火《たきび》の明かりを使う。電子メールや電話の代わりに郵便で手紙やはがきを送る。そういった生活をついこの前までみんなしていたのだが、もうすっかり忘れ去られてしまった。せめてその中で、今でも楽しいと

◇ソーラークッカー（solar cooker）
太陽熱だけを利用した調理器具。箱状の鏡面などで太陽熱を集めて、煮る、焼くなどの調理を行う。

思えることは復活してみてはどうだろう。

例えばP154でも述べたが、調理に炭の火を使うと鍋料理や煮込み料理が格段においしくなる。毎日は使えないとしても、火鉢さえあれば家でもできることだ。日本酒を燗する時も、電子レンジでチンするのではなく、お湯の中に錫《すず》のチロリをつけてじんわりと温める。どちらも少々手間はかかるかもしれないが、待つ間にもささやかな楽しみを感じられる。

実は見落としがちだが、人間は一つの「便利」を使い出すと、それまでその「便利」なしにできていたことが、急速にできなくなる。炭で火を熾す技術も、日本酒をちょうど良い人肌温度にぬくめる感覚も、いつの間にか失ってしまう。鉛筆も電動削り器を手に入れたら小刀ではうまく削れなくなり、ご飯も炊飯器に頼るようになると土鍋ではスムーズに炊けなくなる。手を動かし、五感を働かせてできていたことが、便利と引き換えにできなくなってしまうのだ。

そして、以前はその便利でない作業の蓄積があってはじめて飛躍できる技術なり心境があったはずだが（鉛筆がきれいに削れたということや、ご飯がおいしく炊けたなど）、それらの可能性も失われてしまう。「邪魔くさいけれど、結果に至るプロセスが自分自身でちゃんと分かっている」という作業は、その繰り返しをすることで、ふっと次のステージが見えてくることがあり、それこそが生きている中で「面白い」、「楽しい」と思える一番の瞬間だと思うのだが、便利を追いかけていると、そんな人間が人間である値打ちまで失ってしまうような気がするのだ。

それは、生活とは少し違う分野だが、「伝統文化」といわれるものに少し首を突っ込んだ時に得られる感覚とも似ている。書でもお茶でも花でも武道でも、これらは「なぜそんなことをするの?」何てことを思わずに、ひたすら言われた型を自分の身体の中に刻む。すると、そのうちに面白さがじわっと感じられてくるという仕掛けになっている。テーマパークで遊んだり、面白い仕掛けのゲーム機を使ったりする、誰かが用意した楽しさに操られるのではなく、「自分が動き、考える」ことの楽しさで、自分が主体となって楽しむことができるからだ。

自分の身体と頭を使って、邪魔くさい、めんどうくさい、遠回りに思えることをしながら、その過程も楽しみ、達成感を味わう。日々の生活のなかで不便といわれることを見直してみると、案外それをすることにこそ生きる醍醐味を感じられるのではないだろうか。そして、そうやって普段から身近なことに身をもって取り組んでいると、改めてそこに関わる物事に自然と目が向くようになる。料理を作れば食材のことが気にかかるし、道具を使えばその素材や作り手に興味が湧いてくる。

車で走り去れば分からないことも、自分の足で歩いてみると、草花の様子や天気の急変などで気候の変化も気になるようになる。木陰で涼めば樹木があっての涼しさを感じ、町並みの開発が気になるようになる。日常の小さなことだとしても、エネルギーに頼らずに生身の自分が感じ取った手応えを重ねていくことは、今自分が生きている社会、この現在進行形の世界とつながる、一番の近道になるのではないだろうか。

身近なものや自分の手の内にある技術を使い、少し工夫して今の生活を組み立てるには、心構えが必要になる。それは、一般的には「雑事」とか「雑用」と呼ばれる種類の、「時間はかかるが、直接生産や金銭に関わらない諸々のことを味わう」という心構えだ。ただ、この心構えさえあれば、電気を使わずに同じ機能が果たせる方法はいくらでも思いつく。エネルギー、特に電気エネルギーに頼りすぎて、動く仕組みも分からずに（故障しても修理ができない）、結果の便利で甘い果実だけを求めるスタイルは、もう行き詰まっている。これからの生活スタイルは、少ないエネルギー消費で楽しく快適な生活を送れることが、価値あることとなるだろう。

町家的生活のヒント

町家のない地域に暮らす人や、現在の住居から引っ越せない人など、町家に住んでいない人が町家的な生活を実践するのは無理なのだろうか。そんなことはない。たとえどんな住まいで暮らしていようと、日常の中で町家的生活につながることはいろいろとある。

その1　土鍋でご飯を炊く

普段コンビニ弁当や買ってきたおかずで食事を済ませているならば、一度、ご飯を炊いてみる。それも電気炊飯器ではなくて土鍋でガスの直火で炊いてみる。うまく炊けると「記憶に残るおいしさ」になる。ついでにお茶もペットボトルのお茶ではなく、急須で淹れてみる。何度かそれを体験すると、隙《すき》あらばご飯を炊いてみよう、お茶を淹れてみようと思うようになる。そして、それが昆布と鰹節でだしをとることにつながり、鰹節も自分で削ってみたくなる。炭火を使ってみると、さらにおいしい体験ができる。

その2　季節の花を飾る

玄関の靴収納の上やちょっとした棚に季節のお気に入りの花を飾ってみる。それもドライフラワーや作りものの花ではなく生花を。そして、飾る花をベランダのプランターで育ててみる。もちろん、庭があれば庭に植えて育ててみるのもいい。自分の家で咲いた花を花瓶に飾ると、誰かに見せたくなる。それでは、と接客の場を準備することになる。それは、家の中が他人の目にさらされることを意識することにつながり、見られてもいい空間にしておこうと、常に整えるようになる。さらに、飾っている絵を季節ごとに替えてみる。すると季節の変化に今までより敏感になる。ひょっとすると自分で絵を描きたくなるかもしれない。

その3　簾を掛ける

光の調節のためにかけてあるブラインドを自然素材の簾に掛け替えてみる。プラスチック素材でできたブラインドは光の調節も簡単で、とても合理的にできている。簾では光の調節がブラインドほど手軽にはできない。しかし、窓の面積を覆うものが自然素材でできたものか、人工的なものでできたものかでは、中の空気感がガラッと変わる。それぞれの素材が発している何かに、住んでいる人間もちゃんと反応するはずだ。そして、それらの寿命がきて捨てたあと、プラスチックはいろいろと厄介な問題を引き起こすのに対して、自然素材は土に還る。使い勝手は一見非合理に思えても、ものの循環のなかで人間に有用な役割を果たしている自然素材は、深いところで非常に合理的に働いている。

ここでもう一つ、「音のスケッチ」という楽しい試みを紹介しておきたい。普段、私たちは情報の渦の中に否応なく引きずり込まれており、身体の持っている五感のうち、主に「見ること」が酷使されている。そのほかの聞く、においを嗅ぐ、触れる、味わうは圧倒的な見る刺激に打ち負かされて閉じ気味になっている。町家的生活を目指すためには、この五感をフルに活用するように仕向けることが一つのカギとなる。そこで有効な方法に「音のスケッチ」がある。どうするのか。まず、スケッチブックと色鉛筆を用意して、好きな場所に留まって、聞き耳を立てる。そして聞こえてきた音のイメージを色鉛筆で、どんな色がふさわしいか、どんな形に感じるか、スケッチブックに描いてみる。ただそれだけだ。場所はどこでもいい。郊外の静かな流れのあるところでも、森の中でも、外へ出かけなくても家の中でテレビを消してスマホを手放し、じっと周りの音を聞いてみるだけでもいい。音に集中することで感覚が開き、においも感じるだろうし、色を選んで描くことで視覚も他の感覚と均等に使うことになる。そして、手を使って紙に描くことで触覚も働く。ひととき音に集中してみることで、五感がフルに働き出す。こんな時間を持つことが、町家的生活につながる入口になる。

―利便性と環境の間で　～人間は何を選択するのか～―

世の中はますます便利に変わってきているが、身体の設計図であるDNAは縄文時代から変わっていないらしい。今はそれぞれの対応力で何とか毎日を送っているが、身体の基本が変化していない中で、どこまで変化に対応していけるのだろうか。

「ちょっと便利」は恐ろしい

普段、私たちがあれこれ思っているのは脳の働きだが、脳には怠《なま》け癖があって、常に楽をしたいと思っているようだ。歩くしか移動方法がなかった時代に、馬に乗って移動できるようになると、「これは楽だ、これはいい」となる。さらに籠《かご》に乗っても、自動車に乗っても、列車に乗っても、比較してさらに楽な方を「これはいい」と思ってしまう癖がどうもあるようだ。私たちの住まいでも、現代住宅はどんどん楽ちんな家の方向を目指している。暑い外から一歩中に入れば、涼しすぎるほどの冷風が吹いているし、吹雪の道を帰ってきても、家に入ると南国の暖かさになっている。しかも楽ちんに慣れてしまうと、それ以前にはもう戻れなくなってしまう。

「ちょっと便利」をどんどん取り入れていくと、知らない間に強い刺激に囲まれて生活することになるので、よほど注意をしないといけない。例えば、手作業で1時間かかってやっていたことが、便利な機械ができて5分でできるようになると、次元が違うスピードだと感じられる。これがさらに30秒でできるようになると、別次元だと感じられる。京都〜東京の間の移動が歩いて17日かかっていたものが、列車ができて1日半で行けるようになると、別次元になったと感じられる。それがさらに3時間で移動できるようになると、新しい世界に入ったと感じられる。しかし、「ちょっと便利」というのは一気に10倍のスピードになるのではなく、今まで1時間かかっていたことが45分でできるようになった、という程度のもので、脳には「これは別次元に突入した」とは受け取られない。45分にすっかり慣れてしまった時にそれが30分に縮まっても、「ちょっと便利になった」と思うだけなのだ。そうして気がつかないままに、もとの数十倍のエネルギーを使わないと、「うん、これはいい」と思えなくなってしまう。

都市を作ってはみたものの

膨大なエネルギーを使い、次々に便利になることを追い求め、でき上がったのが「都市」であるが、現在の都市はインフラを更新しながら継続していくことが、実は相当困難なことになっている。水道管は40年ごとに取り換えないといけないとされているが、日本全国の水道管を更新するには１４０年かかるらしい。橋や高速道路などの土木構築物も更新の時期がきているが、お金も人手も圧倒的に不足している。原発だって作ってはみたものの、これを解体するのに、建物の解体だけでも数十年の年月と数兆円の予算が必要であるといわれている。

大都市に次々と建つ超高層ビルも、空高くに縦横に走る高速道路も、まことに厄介なものになりつつある。イタリアではジェノバで高速道路が２００メートルにわたって崩落したように、大規模な公共建物の床の落下などで死者が多数出ている。どれも「適切な補修がなされていなかった」などとあとで理由をつけられても、どうしようもない。実際、超高層ビルが林立する場所での建て替えは、爆薬を使って吹き飛ばすなど乱暴なやり方で解体するわけにもいかず、安全に解体するのにどれほどの労力がいるのか計り知れない。最近ようやくライフサイクルエネルギー◇だとか、ライフサイクル二酸化炭素だとかがいわれ出してはいるが、こういった建物が、原料の加工から材料の運搬、組み立て、でき上がった建物の維持、解体、解体物が自然のサイクルになじむまでのエネルギーなどについて、まともに考えられているとは到底思えない。

そして、この「都市」という、自然から独立して人間がコントロールできる空間に住んでいると、いつでも自分の思うような環境で生活することが日常になるが、一方で、いったん災害が起きて電気が止まり、水道、ガスが家に供給されなくなると、とたんに自然の中で周りの水や光を利用している生活よりも、不便な環境になってしまう。東日本大震災が起きてマンションのエレベーターが止まり、断水し、交通網も寸断してしまった都市に住む息子が「これは

◇ライフサイクルエネルギー(lifecycle energy)
ある製品を使っている間に消費するエネルギーに限らず、その製品の材料の生成から加工、使用、廃棄までのサイクルと、各サイクルの間の運搬などに使われるエネルギーも含めたトータルで消費するエネルギーのこと。

大変だ」と、水や食料を調達しガソリンも何とか確保して、田舎の母親のもとに急いだそうだ。渋滞の道をすり抜け、やっと辿り着いて、「お母さん、大丈夫か！」と声をかけると、母親は「何しに帰ってきたん？」とひと言。井戸の水を使い、おくどさんで煮炊きをしている田舎暮らしは、あの程度ではびくともしなかったという。これと同様の設備が、都市にありながらもともと備わっている住居が、町家なのだ。

サイクルの最初と最後

では次に、私たちが生きている環境を、地域とか都市とか国とかよりももっと広く、地球全体の環境として見てみよう。その中では、人間の活動というのはどのような位置にあると考えられるだろう。私たちの活動は水や空気、土壌、太陽光という環境の中で、材料や食料の採取から始まって、運搬、加工、消費、廃棄というサイクルで成り立っている。さまざまな工業製品の材料となる物質は、長い地球の歴史の中で地表面近くに蓄えられたものであるし、食料となるものは植物が光合成によって無機物から有機物を生産し、それを動物が食べ、その動物を肉食動物が食べるという食物連鎖があり、その頂点にいる人間は食物連鎖のどのステージに属するものも食料としてきた。それらを人力で、道具を使って、電気や石油のエネルギーを使った機械によって採取し、運搬し、加工して消費する。最後はそれらをゴミとして廃棄するわけだが、植物や動物は死後、バクテリアや菌類によって無機物に分解される。材木や鉄なども最終的には朽ちて分解され、土に戻る。

このサイクルの中で、生産の基礎となる植物の光合成や、長い期間かかってできた堆積物を、人間は無尽蔵にあるものとして使ってきた。さらに最後の始末についても、自然の中に不要になったものをポイと捨てておけば自然が始末してくれるとして、考える範疇に置かなかった。しかし、今になって熱帯雨林の伐採、森林の伐採による洪水被害、二酸化炭素増加による異常気象など、不都合な事態が次々に現れてきている。廃棄の分野でも、最後まで分解されないプラスチックがあちこちに大量に散らばってしまい、これも不都合な問題を引き起こしている。これらは人為的に解決しようとしても容易ではない。ここにきて私たちは、この自然のサイクルの最初と最後は無限ではないことを、やっと知ることになったわけだ。

私たちの生活を取り囲むさまざまな技術は、このサイクルの一部分を取り出して、その部分のみを効率よく、電気や石油のエネルギーを使ってシステムを組み立てることを一生懸命やってきた。そしていつの間にか、人工のシステムを動かすためのエネルギーが、自然がもたらしてくれるものだけでは足りなくなってきている。結局、技術の進歩とそれに伴う利益追求が等身大の人間からかけ離れてしまったことが、さまざまなひずみやストレスとなって、私たちの身の周りに蓄積しているのが現代なのだ。

エネルギーから見た現代生活

20世紀初頭、フォード◇が自動車1台を3時間で作り上げてしまう大量生産方式を確立してから、エネルギーの消費量は、それまでと比べものにならないほど圧倒的に多くなった。そして近年の大量生産、大量消費、大量廃棄の世界になって、エネ

◇フォード（Ford Motor Company）
1903年にヘンリー・フォードが設立したアメリカの自動車会社。大量生産システムの導入により低価格のT型車を発売し、自動車を大衆化させた。

ルギー消費量を示すグラフはほとんど垂直になるくらいの勢いを示している。現存している町家が作られた150〜100年前と比べると、現在のエネルギー消費量はほとんど100倍ぐらいの差がある。もう少し近い時期で比較してみても、昭和45年（1970）で現在の約4割、昭和35年（1960年）で約8分の1のエネルギー使用である。昆虫の生態に詳しい人の話では、この頃から昆虫の卵から幼虫になり成虫になるという固有の周期が守られなくなって循環がなくなり、生物が急速にいなくなってきたらしい。現在では1年間に4万種、つまり1日あたり100種以上の生物が地球から姿を消しているそうだ。エネルギーの消費量も昭和35年（1960）を境に、それまで以上に急速に増えている。

そしてこのようなエネルギーの65％が化石エネルギーであり、大昔から長期にわたって蓄えられてきたものを、一度使ったら二酸化炭素となって再利用できない形で消費している。いわば今までの貯えを派手に浪費している放蕩《ほうとう》息子のようなもので、しかも、もう貯えが底をつくと分かっていても、「そのうち何とかなるだろう」と、今の浪費生活を変えられずにいる。これは自分が破滅すると分かっているのに、やめることができない中毒症状だ。化石エネルギーに代わって切り札として出てきた原子力エネルギーも、安全性の問題や廃棄物の処理の問題で解決がつかないままだ。再生可能エネルギーといわれている水力や太陽光、風力なども、小規模なもの以外は生態系に大きな影響を及ぼすことになる。次世代のエネルギーとして注目されている水素も、貯蔵や移動のためには液体にすると便利だが、その時に莫大《ばくだい》なエネルギーを要する。結局は、エネルギーをどんどん使う生活から「これは本当に必要か」

と問い直して、再生産できる範囲のエネルギー使用量に変えていかなければ、根本的な解決にはならない。

こういう社会の中で、町家を再生するということは、エネルギー面から見ると町家の生活は現在の100分の1のエネルギーで（周りにある自然の力を利用して）暮らしていた実績がある。現代の住宅からすると不便で暗くて寒い住まいかもしれないが、ひと昔前の生活を包んでいた完結したシステムとして、いろいろな知恵があり、それらをアレンジして組み入れることで、「より少ないエネルギー消費で現代の生活ができる」ということにほかならない。一つの建物として、町並みを形成する要素として、これからの町なかでの生活の提案として、町家を再生することには多くの現代的な意味が含まれている。

―人間も自然の一部である―

目の前の変化に何とかついていこうと毎日を送っていて、ふと森の中など非日常に身を置いた時、「ああ忘れていた、この感じ」と思うことがある。頭で分かるのではなく身体全体でうれしくなる、あの感覚だ。町家で暮らしていると、こういった感覚を味わうことが多い。それは、これまで述べてきたように、町家が自然素材で作られ、庭などから自然を取り込み、外と緩やかにつながる住まいだからだろう。

五感を大切にする

では、町家の生活をするなかで、自然の変化に敏感になり、今まで気がつかなかった周囲の音や光やにおいが感じられるようになると、一体何が変わってくるのだろうか。まず、小さな変化や違いに気がつくようになると、おっと思ったり、ほほうと思ったりするような心の揺れを感じるが、これはまことに心地いい。楽しく豊かな気分になれる。たとえ雨が降ってきたような通常ではうれしくない状況でも、雨つぶを目で見たり耳で雨音を聞いたりする前に、土の湿ったにおいを感じて、「あ、雨が降ってきた」と分かる時など、なぜかうれしいものだ。そうして五感が鍛えられ感覚がちょっと野性に戻ると、それをもとにして、いわゆる第六感が働くようになる。実はこれこそが、人間としてとても大事なことなのだと思う。なぜなら、人とは判断が違っても、「自分はこう思う、こう感じるということの方を信じよう」ということだからだ。

現代人は第六感などという非科学的なものを、少しでも排除しようとしてきた。例えば食べ物の安全についても、私の小さい頃などは、においを嗅いだり、ひと口食べたりした瞬間に五感を働かせて、時には第六感で、いいか悪いかを判断していたが、そういう非科学的な方法はいけないということになって、今では「食品添加物にはこのようなものが使われています」とか、「賞味期限はいつまでです」などの表示をすることで、「いいか悪いかを判断せよ」となっている。しかしそういった表示があることが、本来持っている身体の判断力にフタをしているようにも思える。そして、もし食べたもので具合が悪くなることがあったとしても、商品そのものがどうだったのかということより、「表示している内容」や「表示を見たか見ていないか」が焦点となり、それについての責任ばかりを追及する社会になってしまった。

一番大きな問題は地球温暖化で象徴される、私たちを取り巻く環境の問題だろう。これについては、「あなた方の言うようにやってきたら、こんなことになってしまった」や「これは誰か悪い人がいるはずで、その人が責任をとればいいのだ」などという理論では、到底解決しないところまできている。無批判に言われた通りやって

きた私たちにも問題があったわけで、やはり「自分はこう思う」というものをはっきり身体を通して持っていないと大変なことになる。そのための第一歩として五感を使い、少し野性を取り戻して、第六感を働かせるような町家の生活が大切になってくる。

家からエコを考える

生態学のエコロジーと経済学のエコノミーの頭についている「エコ」は、ギリシャ語の「oikos＝家」だそうで（辞書によるとoikos：house, habitationとある）、エコロジーとは「生活様式などを変化・発展させる素因としての環境、生態」であり、エコノミーとは「家政」の意味がもともとらしい。今ではどちらも「家」からは遠く離れて、「人間に都合の悪いものは消滅させてしまってもいいから、いかに気分よく生活するか」というエコロジーや、「タダで提供される自然物をうまく使って儲けた上、あと始末もタダで自然にしてもらう」エコノミーになってしまっている気がする。例えば、「生物多様性が大切だ」と言いながら、殺菌、抗菌、消臭、殺虫などの化学物質ははびこっているし、「自然のサイクルを乱さない」と言いながら、石油にしても太陽エネルギーの蓄積されたものをちゃっかりタダでもらっていて、多くの熱エネルギーやプラスチック、原子力発電のゴミなどを捨てることについても自然任せにしている態度は変えようとしていない。

すぐに大きな社会の変革はできないだろうが、エコのもとの意味からいっても、家の中での生活から、もう一度見直す必要があるのではないだろうか。より便利にではなく、より楽ちんにでもなく、「より充実した生活を、より少ないエネルギーで快適に」。何度も言うようだが、やはりそれこそが価値のあることなのだと思う。

やっぱり町家

現代生活において、長い歴史のある町家の生活を再度見直すことは、こういった最先端の非常に大切な態度になる。今ある町家の構造を健全化し、町家の本質を踏み外さない範囲で新しい設備を取り入れ、生活に工夫を加える。楽ちんで満腹の家ではなく、常に工夫が必要な腹八分の家であること。周りの自然のエネルギーをうまく取り込みながら（環境由来の多様な微生物との共存も含めて）生活を構成すること。社会インフラに全面的に頼ることなく、自立した設備を内包して、人間としての自尊心を失わないこと。すべて町家なら可能なことだ。

新しく家を建てる時にも同様のことを考えながら、時代に合ったものを作ればいいのだが、建物を建てる場合、全国一律の基準で作ることを強いられており、地域に根差した建物、その地域の風土によって練り上げられてきた構造や素材、生活作法を生かすような建物を認めてはくれない。「みんな違っていい」とはならないのだ。ゆえに、この国の建物に対する方針を変えるのは相当時間がかかるので、手っ取り早く実現するには、「今ある町家を壊さずに再生して生活をする」ということになる。

前章でも述べたように、町家は現代住宅と違って建築基準法に適合しているわけではない。しかし、でたらめに思いつくままに作られているのではなく、長い年月の中で培われたある一定のルールのもとに作られている。人が住処《すみか》を作り出した初めの頃は、おそらく水が近くにあり、安全に寝られる森の中や洞窟《どうくつ》だったのだろう。これらはほぼ自然の中といっていい。やがて木や草で屋根を作り、内部と外部が区別されるようになった。内部で暖をとることができるようにしつらえ、寒い時期も内部は外よりは暖かく、夏の暑さも外部よりはしのぎやすい空間になったわけだ。しかし、外部と遮断された内部ではなく、「ちょっとましな外部」といった空間だったはずで、その性質は平安の初期、小屋のような家で生活する人々にも受け継がれ、さらに連綿と1000年かかって現代にまで続いている。その中で、草葺き屋根は板葺きになり、瓦で葺くように発達した。壁も柱も構造もいろいろな工夫がなされ、傷んできたらその部分だけ取り替える方法が編み出され、常に風を通すことでシロアリから守ったり、建具や間取りの工夫で生活を快適にしたりと変化してきた。

　しかし一貫して変化しないのは、「外部から内部を隔離しない、常に外の自然とつながっている住居である」ということだ。暑さ寒さの調節は、懐の深い中間領域の調節で行い、どんな時も外部の自然を退けることはない。これは先人たちが、我々人間がどこまでいっても自然の一部であり、自然には逆らえない存在だということをよく分かっていたという証であり、自然を意のままに変えるなんて思いも及ばないで、何とかうまくやり

過ごすことを考えてきたからだろう。

第3章でも「里山的な家」と表現したが、そういう思いのもとでさまざまな工夫が凝らされ、時には行き過ぎたり（自然に抵抗し過ぎたり）、弱過ぎたり（自然のなすがままになって何の抵抗もできなかったり）しながら、しだいにバランスの取れた平衡地点を1000年かけて求めてきたのが現在の町家なのだ。これは脳みそだけで考えて作られたものではないし、作れるものではない。人の「身体側」、言い換えれば「自然側」の声を聞きながらでき上がってきた建物で、その分、「無理のない、自然に順応した住居」といえるのではないだろうか。

生態系に適合した住宅

建物を構成する素材から見ても、町家は一度建てたら長く持ち、最後は土に還る。第2章でも詳しく述べたが、町家などの伝統木造構法の家は、土や石、木、竹、藁、紙などでできている。木組みで構造を作り、屋根を瓦で葺き、壁は竹を小舞に編んだ上に土にスサを入れて塗り、石灰石と砂からできた漆喰で仕上げるのが基本だ。内部も藁から畳を作り、木製の建具に紙を貼るというスタイルである。藁は1年で育ち、竹や紙の原料である三椏や楮は3年経てば次が育つため、藁でできたものは1年で、紙や竹は3年で更新しても循環する。木は数十年以上経たないと使えないが、少しずつ補修することで長持ちし、組み替えや補強に対しては容易にできるように作られている。さらに、いよいよ最終廃棄処分となった時は、燃やして湯を沸かしたり、風呂を焚いたりして熱エネルギーとして使うことができる。できた灰は、以前は近郊農家の肥料や染料の触媒《しょくばい》として活用されていた。燃やすことのできない土を含め、最終的には分解されて土に還る材料ばかりだ。家としての物理的なサイクルを、その素材の生物としてのサイクルに合わせ、生態系の中で無理なくおさまるようになっており、最終処分で廃棄したものも生態系を乱すようなものではない。まさに、これこそが「持続可能なシステム」なのではないだろうか。

また、町家では生活も自然のサイクルを乱すことなく続けられている。軒先に深い庇を設けて、夏は直射日光を遮り、冬には座敷の奥まで太陽光を取り込める。縁側等の内にも外にもつながる中間領域では、夏は風を通し、冬は動かない空気層を作り、内外の温度差を利用して空気を動かすことで、季節の循環に合わせることができる。そこでは、自分たちが生き続けていくために必要なだけのエネルギーを周りからいただき、大切に使う思想に貫かれている。余分にエネルギーを浪費することは「もったいない」という思いである。大きな生態系のシステムを大前提にして、その中にごく自然に位置しているというのが、伝統木造構法で建てられた建物、すなわち町家なのである。

すでに周りにある自然のエネルギーを上手に取り入れて生活の快適化をはかり、しかも春、夏、秋、冬の自然のリズムに適合した、身体になじんだ生活が送れる家。それこそが、今後も自然の一部である人間が長く住み続けられる住居なのだと思う。

都会の村人を目指して

「都会の村人◇」。このの魅力的なネーミングのバンドが、私の記憶では１９７０年代に

◇都会の村人（とかいのむらびと）金森幸介、太田ぼう、平野知太郎で結成されたフォークトリオ。１９７０年代初頭に活動。

確かにあった。「なんかええやん」と思いながら、ずっと記憶に残っている。

実際の村は今ではすっかり変わってしまっているだろうが、「村人」という言葉から出てくるイメージとしては、自然とともに暮らす里山の生活だ。年末には誰に言われなくても、自分たちだけでは食べきれないほどの多くの餅を搗《つ》いて、田の神様や山の神様に捧げ、一年の感謝と新しい年の豊かな恵みを祈る、そんな生活である。ここでは自然から「自分たちが必要な分だけ」をいただく。そうすることが、自然と共存していく唯一の方法だと知っているからだ。単一植物の大量生産もしなければ、動物たちの大量殺戮《さつりく》もしない。そのようにして、私たちの先祖は長い間生活してきた。それが、大量生産、大量消費、大量廃棄の仕組みで社会が動くように変えられ、都会というもっぱら大量消費の場所が「憧れ」の場所になった。しかし、バブルもはじけた頃から、「これではだめだ」と思う人も現れて、「持続可能な発展」というよく分からない言葉や、「循環型社会」ということなども言われるようになった。しかし、それも現実には小手先の思いつきや「リサイクルすればいいのだ」という程度のことで、何のことはない、大量生産、大量消費、大量廃棄に、「大量リサイクル」が加わっただけなのではないだろうか。ＩＴ革命もＡＩの利用も、ロボットの開発も、相変わらず使い捨て推奨であり、住宅を含む建築の分野でもスクラップ＆ビルドから抜け出せていない。

本当に持続可能な社会を目指すのであれば、複数の判断基準を持つことが必要だ。具体的には、金銭上の価値判断に加えて、「エネルギー」という物差しを持つことだ。エネルギーの使い過ぎを抑制する生活態度が「価値」があり、「強い」ものでなければばならない。そのためには、現状に強力な制御力をかけるのではなく、皆が自然にそういう方向へシフトする工夫が必要になってくる。

もう一つ大切なのは、「本当に自分がそう思っているのか」ということを絶えず自分自身に問いかけることだ。マスコミが言っているから、世間がそう言っているから、ということで、なんとなく流されていないだろうか。仕事も「本当の自分」が本当に望んでいることをすればいい。お金がなくて貧乏になるのを恐れるが、貧乏と貧困は違うものだ。「貧困」というのは、お金に頼らないと生きていけない社会の仕組みの中で、「お金さえあれば豊かな生活ができる」という幻想が作り出した強迫観念にすぎない。貧困をなくすのは社会の仕組みを変えないといけないので、これは政治の問題だ。それに対して「貧乏」というのは、その人の生き方の問題だ。お金に依存する度合いを減らしていき、自分でできるところは自分で何とか解決する。そして、お金をふんだんに使っている人の生活といちいち比較しない。三度の食事がとれて、暖かで安全に夜眠れて、清潔な上下水が使え、日常の生活を補助する電気製品が使える生活で、なお貧乏と感じるのは、エネルギーの浪費を何も意識していない人たちと比較するから感じる相対的なものにすぎない。

「必要なだけあればいい」。そして、「本当にやりたいことがやるべきこと」で、それが「仕事」だという生活は、村人の生活態度そのものである。それは、持続可能で循環型の社会でもある。それを都会という消費と欲望のるつぼの中で作っていく、それが「都会の村人」にほかならない。都市にあっても自然と連続している生活、自然の変化を常に意識する生活。それは今までよりも、もっともっと豊かで心地良い生活になるはずだ。

「個」と「孤」の間で

アフリカの奥地やラオスの密林で、今も狩猟採集生活をしている人たちがいる。彼らは、せいぜい数百人規模で生活しており、その生活は衣食住がとりあえず満たされれば良く、周りの自然からそれらを得ているのだが、完全に取り尽くさないで、時間が経てば戻る程度にその恵みをいただく生活だ。必要なだけあれば皆が満足している。そこでの掟は、「うそをつかない」、「物を盗まない」、「人を殺さない」だという。

人類が集まって住み始めた時は、せいぜい150人程度のバンドと呼ばれる集団だったものが、さらに安全にさらに子孫を増やせるようにと集団が大きくなり、都市で暮らし出すようになると、人には「個」の意識が生まれる。すると、生きていく上での不安に対し指針を求めるようになる。思うにそこで、仏陀が「宇宙は阿弥陀である」という宇宙観を基礎にした哲学を、打ち立てたのではないか。阿弥陀とは無限の光であり、宇宙全体に広がるクオークの海を表している。人々は、クオークの海に抱かれることにより安心を得ることができるのだと説かれ、また、最後は無限に広がる精妙な周波数と同期することが目指す方向だ、とはっきり示されることで、生きる上での指針を得ることができた。

都市で暮らしている人々には、「個」の意識が生まれたと同時に、おそらく「孤」の意識も生まれたのではないだろうか。家族や小集団のバンドでは、自分の存在をそれぞれがちゃんと分かってくれていて孤独を感じることはなかったと思われるが、いちどきには認識できない人数の中にいると、どうしても「孤」を感じてしまうからだ。自分の存在を見つけるために、「他の人と比較してここが優れている」という競争の中で、自分の存在を確かめることをやってしまうが、それはともすると、仲間とそれ以外を区別したり、気に入らない人を排除する方向に進みがちだ。自分がやりたいことを心底楽しんでいられれば、他人を排除せずに共存しながら生きていける。メジャーリーグで大活躍の大谷翔平選手などは、いつも本当に楽しそうな笑顔を見せているが、それは彼が他の選手と競争をしているというよりも、仲間と野球の可能性を楽しんでいるからかもしれない。

都市ができ、「個」と「孤」のせめぎあいが意識されるようになり、やがて争いが起き、国家が誕生していったのだろう。そうして文明がどんどん発展し、複雑ながら繁栄してきた人類の姿が現在の世界である。しかし、いまだに争いは絶えず、あちこちで悲惨な状態に置かれている人たちが大勢いる。そして、人間は原子力の利用を手に入れ、過剰にエネルギーを使い尽くし、「これから先、持続可能なのか？」と問われている。その中で、現在まで昔の姿のままで連綿と生き続けている小集団の人たちというのは、皮肉にも、「こうすれば持続可能ですよ」という一つの答えを示していることにもなる。

私たちの住む現代社会では、何らかの働きによってお金を得ることが生きていく上での基本とされている。それは身体を使って何かを移動させたり、作物を作ったりしたことの対価として得られたり、物の移動の途中に入って受け渡しの際の差額を得たり、さまざまなものを集めて新たな形を組み立てたり、自分の持ち物を人に貸すことで利益を得たりしている。一生懸命動いて、汗をかいたことに対して「お礼」としていただくお金は納得できるが、モノや情報の流通経路の中で、手に入れた時よりも高い価格で渡す場合などは、どこかにうっすらとうしろめたい感情がうずく。「そうしないと生きていけないから」と自分を納得させ、うしろめたさを振り切るという一段階が必要になる。対して、密林の中の少数民族の暮らしは、お金を介在しないと生きていけない現代社会の、底に埋もれている「うしろめたさ」を意識せずに、自然に対して「いいタイミングで程良く手を加える」という労働をすることによって生きていける社会だ。

「個」と「孤」のせめぎあいの中で、よりシンプルに、より自然に近く自分を保つためには、この「うしろめたさ」を無視しない、チクチクと刺す痛みを常に感じていることが大切だ。それが制御力となって、自然をむさぼらず、ほどほどで満足し、手に入らないものはあきらめて、次に手に入るものにワクワクする、そんな生き方ができるようになる。それは都会生活にあって、密林の少数民族の生活の知恵を少しは取り入れた、現代風にアレンジした村人の生活だ。

目の前に提供されたさまざまな完成品をそのまま受け入れて、もしくはせいぜいどれがいいか選択して、その組み合わせだけで生活を構成するのではなく、その一歩手前から少しは手間をかけてみる。例えば焼いた魚を買ってきて、電子レンジでチンして食べるのではなく、生の魚を買ってきて自分で焼いてできたてを食べる。どっちがうまいかは聞くまでもない。さらに魚一尾丸ごとを手に入れて、自分でさばき、炭を熾して炭火で焼くともっとおいしい。例えばコーヒーを飲むのにも、生豆を手に入れて飲む分だけ焙煎《ばいせん》して、その都度コーヒーミルで挽いてドリップして作ると格段においしい。この、手前のひと手間、ふた手間をかける生活は心豊かで楽しい。この楽しさを仕事の忙しさより優先したくなる。収入が減っても、「手間をかける楽しさを味わえる」に置き換えることができれば、今よりゆっくりと生活を楽しめるはずだ。

都市生活は多くの人とともに暮らしていく楽しさや便利さ、快適さがある一方、「個」や「孤」の意識を持つようになる。「個」と「孤」のはざまのバランスを、いかにうまくコントロールするか。現代の都市の中にあって、密林の少数民族のような持続可能社会を実現する一つの答えとして、町家の生活がある。町家の生活には都市の利便性を十分に享受しながら、小さなまとまりの中で、周りの自然とともに過ごすゆったりとした生活が、今も確かに、ある。

あとがき

レナード・バーンスタインの名盤『WHAT IS JAZZ』では、さまざまなジャズの演奏を聴かせて解説しているだけでなく、時には、バーンスタイン自らピアノを弾き、ジャズ特有のクオータートーン（半音の半分の高さの音）を歌ってみせてジャズの特性を示している。同様にこの本では、町家のいろいろな側面を取り上げ、その本質を探ろうとした。また、私自身が町家に生まれ育ち、生活し続けている中で改めて気づいた町家の特性にも触れてきた。

『WHAT IS JAZZ』の最後をバーンスタインは、このように締めくくっている。

「我々が今聴いているのは、現時点でのジャズです。それは確固とした過去と、わくわくする未来を持った、新鮮で生命力に富んだ芸術です」

ジャズが時代の中でどのように変遷していっても、ジャズであり続け、生き生きとした未来を示すように、町家もまた長い歴史の延長線上にあり、今も生き続け、エキサイティングな未来を示す存在である。それはジャズがその歴史の示す本質を損なわない限り、形が変われどもジャズであるように、町家もその本質を損なわなければ町家の持つ多くの要素や美意識は、今までにない古くて新しい価値観の創造につながり、町家は未来を切り拓く住まいとして、大きな役割を果たすものであり続ける。

今の地点とある一点を直線で結び、それを180度反転して、その直線を先に延ばす時、できるだけ遠くの一点と今の地点を直線で結んで、反転してすぐ近くの点を延長線上にとると、誤差は非常に少なくなり、正確に延長線が描ける。これが逆に短い距離の一点から反転して遠くの一点を定めようとすると、誤差が大きくなってしまう。過去を見るというのは、その歴史から近い未来をぶれずに予測するのに役立つ。その時、できるだけ遠くの過去から今を結び、反転して、未来を展望することが誤差の少ないやり方になる。決して短い過去から長い未来を予測してはいけない。たった今出てきたテクノロジーをもって未来を予測することは、大変危険なことだ。長い歴史のあるものには、そうあるべき必然性が含まれている。それをしっかりとつかまえて未来へと延長線を引くことが大切だ。

住まいの過去を振り返る時、町家の持つ歴史の長さは未来を予測する上で価値あるものとなる。その歴史に含まれているさまざまな知恵が、きっと現代の諸問題を解決する糸口になるだろうし、新しい時代に新しい町家として生き続けていく。

令和5年秋　松井　薫

参考文献

・『京大式 へんな生き物の授業』（神川龍馬著／朝日新書）２０２１年
・『家は生態系 あなたは20万種の生き物と暮らしている』（ロブ・ダン著 今西康子訳／白揚社）２０２１年
・『ナイチンゲール言葉集 看護への遺産』（薄井坦子編／現代社白鳳選書）１９９５年
・『京町家・千年のあゆみ 都にいきづく住まいの原型』（髙橋康夫著／学芸出版社）２００１年
・『方丈記（全）』（武田友宏編／角川文庫）２００７年
・『大江戸生活体験事情』（石川英輔・田中優子共著／講談社文庫）２００２年
・『お江戸暮らし 杉浦日向子エッセンス』（杉浦日向子著 松田哲夫編／ちくま文庫）２０２２年
・『すらすら読める養生訓』（立川昭二著／講談社）２００５年
・『日本永代蔵』（井原西鶴作 東明雅校訂／岩波文庫）１９５６年
・『天災と日本人 寺田寅彦随筆選』（寺田寅彦著 山折哲雄編／角川文庫）２０１１年
・『草のちから 藁の家』（ＩＮＡＸ出版）２０００年
・『徒然草』（角川書店編／角川文庫）２００２年
・『泥んこ、危険も生きる力に ないないづくしの里山学校』（岡本央著／家の光協会）２０１９年

◇写真
田口葉子……1・6・9・10・15・16・19・20・25・27右・28・31・32・35・37・54・57・63・67・80・81・82・83・
84・85・90・97・98・102・105・126・134・137・138・145・148・150・151・152・155左・156・157・160・162右・
166・167・169・170・171・172左・195・200・203・208・212・214・217・225・228・231

◇撮影協力
京都生活工藝館 無名舎 吉田家 ……京都市中京区六角町３６３　http://r.goope.jp/kyoshida/
おおきに迎賓館 黒門中立賣邸 ……京都市上京区中立売通黒門東入役人町　http://geihinkan.ookini.jp/kuromon

松井　薫（まつい　かおる）

一級建築士、一級建築施工管理技士。

1950年京都市に生まれる。大阪工業大学建築学科を卒業後、総合建設会社の現場監督、大手不動産系リフォーム会社を経て、1998年一級建築士事務所「住まいの工房」を設立。京都を中心とした住宅の設計をはじめ、京町家の個人宅、割烹、カフェなどの改修、また京都、東京、愛知など各所で茶室の設計も手掛ける。近年では、京都市の町家改修に特化した条例を利用して大型町家の改修に取り組み、「龍谷大学 深草町家キャンパス」、「おおきに迎賓館 黒門中立賣邸」の設計を担う。その他、京町家の保全再生活動、季刊リトルプレス『自然体でいこう』発行、『町家えほん』（山口珠瑛著・2014年・PHP研究所）の監修など、町家に関連するイベントや活動に幅広く携わる。京町家情報センター代表。

京都の町家に学ぶたしかな暮らし

改修のプロが伝える、木・土・紙・石の住宅論

著　者　松井　薫
発行日　令和五年十一月十五日
発行人　松井　薫
発　売　株式会社学芸出版社
〒六〇〇-八二一六　京都市下京区木津屋橋通西洞院東入
電話　〇七五-三四三-〇八一一　ＦＡＸ　〇七五-三四三-〇八一〇
ホームページ http://www.gakugei-pub.jp/
印刷・製本　株式会社シナノパブリッシングプレス
写　真　田口葉子
編　集　山形恭子
装丁・デザイン　上野昌人
制作協力　知念靖廣・永井美保（学芸出版社）
ISBN978-4-7615-0927-9

※本書は著者自身が発行する季刊リトルプレス『自然体でいこう』を大幅に加筆・修正し、新たな原稿を加えまとめたものです。